全国革命老区县发展史丛书·广东卷

丰顺县革命老区发展史

丰顺县革命老区发展史编委会 编

SPM 南方出版传媒 广东人民出版社
·广州·

图书在版编目（CIP）数据

丰顺县革命老区发展史 / 丰顺县革命老区发展史编委会编. —广州：广东人民出版社，2020.3

（全国革命老区县发展史丛书·广东卷）

ISBN 978-7-218-13932-6

Ⅰ.①丰… Ⅱ.①丰… Ⅲ.①丰顺县—地方史 Ⅳ.①K296.54

中国版本图书馆CIP数据核字（2019）第235949号

FENGSHUN XIAN GEMING LAOQU FAZHANSHI
丰顺县革命老区发展史
丰顺县革命老区发展史编委会 编　　　　　　　　版权所有　翻印必究

出 版 人：肖风华

责任编辑：钱　丰
装帧设计：张力平
责任技编：周　杰　周星奎

出版发行：广东人民出版社
地　　址：广州市海珠区新港西路204号2号楼（邮政编码：510300）
电　　话：（020）85716809（总编室）
传　　真：（020）85716872
网　　址：http://www.gdpph.com
印　　刷：广州市浩诚印刷有限公司
开　　本：715mm×995mm　1/16
印　　张：15.75　　插　页：28　　字　数：220千
版　　次：2020年3月第1版
印　　次：2020年3月第1次印刷
定　　价：68.00元

如发现印装质量问题，影响阅读，请与出版社（020-85716849）联系调换。
售书热线：（020）85716826

广东省编纂《革命老区县发展史》丛书指导小组

组　长：陈开枝（广东省老区建设促进会会长）
副组长：林华景（广东省老区建设促进会常务副会长）
　　　　宋宗约（广东省农业农村厅副巡视员、广东省老区建设促进会副会长）
　　　　刘文炎（广东省老区建设促进会副会长）
　　　　郑木胜（广东省老区建设促进会副会长）
　　　　姚泽源（广东省老区建设促进会副会长兼秘书长）
　　　　谭世勋（广东省老区建设促进会副会长）

办公室

主　任：姚泽源（兼）
副主任：廖纪坤（广东省农业农村厅扶贫协作与老区建设处处长）
　　　　柯绍华（广东省老区建设促进会副秘书长）
　　　　伍依丽（广东省老区建设促进会副秘书长）

《丰顺县革命老区发展史》
编委会

顾　　问：曾永祥（丰顺县委书记）
　　　　　廖茂忠（丰顺县委副书记、县长）
主　　任：曹志辉（丰顺县委常委、组织部部长）
副 主 任：陈修忠（丰顺县老促会会长）
　　　　　钟廷壁（丰顺县老促会第一副会长）
　　　　　张镇有（丰顺县史志办主任）
　　　　　张惠雄（丰顺县政府办正科级）
委　　员：黄光心（丰顺县老促会副会长）
　　　　　王丽英（丰顺县民政局副局长）
　　　　　蔡汉祥（丰顺县机关事务局副局长）
　　　　　罗燕波（丰顺县扶贫开发局副局长）
　　　　　黄喜勤（丰顺县史志办副主任科员）
　　　　　王维恒（丰顺县发改局办公室主任）
　　　　　曾杏美（丰顺县史志办人秘股股长）
　　　　　廖金发（丰顺县老促会副会长）
　　　　　李少级（丰顺县老促会副会长）
　　　　　郑兆台（丰顺县老促会办公室主任）
　　　　　冯宗惠（原丰顺县党史办主任）
　　　　　陈建新（丰顺县政协常委）

办公室

主　　　任：张镇有

副 主 任：黄喜勤　黄光心　陈建新

编辑部

主　　　编：陈修忠　钟廷壁　张镇有

副 主 编：黄喜勤　李少级　陈建新

编　　　辑：廖金发　郑兆台　曾杏美

图 片 摄 影：廖金发

电子版合成：黄喜勤

特 邀 指 导：冯宗惠

总序

在举国欢庆新中国成立70周年前夕,中国老区建设促进会王健会长请我为《全国革命老区县发展史》丛书作序,作为一名在老区战斗过并得到老区人民生死相助的老兵,回首往事,心潮澎湃,感慨万千,深感义不容辞,欣然应允。

中国革命老区,是以毛泽东为代表的中国共产党人在领导人民推翻帝国主义、封建主义和官僚资本主义三座大山,争取民族独立和人民解放伟大斗争中建立的革命根据地,在这片红色的土地上,诞生了无数可歌可泣的革命英雄儿女,为后人树起了一座不朽的丰碑,她是新中国的摇篮,是党和军队的根。

在艰苦卓绝的战争年代,老区人民把自己的命运与中华民族的命运紧紧地联系在一起,与中国共产党和人民军队的命运紧紧地联系在一起,他们生死相依,患难与共。我曾亲历过战争年代,并得到过老区红哥红嫂的救助,切身感受到发生在身边的一幕幕撼天动地的革命故事,在那极其艰难的条件下,老区人民倾其所有、破家支前,不怕艰难困苦,不怕流血牺牲。"最后一碗米送去做军粮,最后一尺布送去做军装,最后一件老棉袄盖在担架上,最后一个亲骨肉送去上战场",这是当时伟大的老区人民为建立新中国做出巨大牺牲的真实写照,它将永远镌刻在中国共产党、中国人民解放军、中华人民共和国的历史丰碑上。他们的光辉业绩永载史册,他们的革命精神必将影响一代又一代的革命新人,造就一代又一代的民族脊梁。

在社会主义革命和建设时期，革命老区和老区人民响应党的号召，面对落后的面貌、脆弱的经济、恶劣的生态环境，他们本色不变，精神不丢，自力更生，艰苦奋斗，干一行爱一行。始终坚持"革命理想高于天"，自觉做共产主义远大理想的坚定信仰者和忠实实践者，勇于向恶劣的自然环境和贫穷落后宣战，他们在各条战线上为国建功立业，用平凡的双手创造了一个又一个不平凡的奇迹，彰显了老区人的崇高精神和人格力量。

在改革开放的伟大进程中，老区人民解放思想，勇于创新，发奋图强，攻坚克难，老区的经济社会建设取得了辉煌成就。特别是在改变中国的面貌、中华民族的面貌、中国人民的面貌、中国共产党的面貌的伟大实践中发挥了至关重要的作用。老区人民既是改革开放的参与者，也是改革开放的推动者。

艰苦练意志，危难见精神。老区人民在近百年的革命战争、社会主义建设和改革开放的伟大实践中，孕育形成了伟大的老区精神：爱党信党、坚定不移的理想信念；舍生忘死、无私奉献的博大胸怀；不屈不挠、敢于胜利的英雄气概；自强不息、艰苦奋斗的顽强斗志；求真务实、开拓创新的科学态度；鱼水情深、生死相依的光荣传统。这是党和人民宝贵的精神财富、丰厚的政治资源，是凝心聚力、振奋民族精神的重要法宝，也是社会主义核心价值观的重要内容。

中国老区建设促进会怀着强烈的政治责任感和历史使命感，组织全国各地老促会人员克服困难，尽心竭力编纂《全国革命老区县发展史》丛书，记录老区的光辉历史和辉煌成就，传承红色基因，弘扬老区精神，是功在当代，利及千秋的一件大事。手捧这部丛书的部分书稿，读着书中的故事，倍感亲切，深感这部丛书具有资政、育人、存史的社会功能，有着重要的时代和历史价

总　序

值。它是不忘初心、牢记使命的源头活水，是赞颂共产党、讴歌老区人民的一部精品力作，是弘扬老区精神、传承红色记忆的丰厚载体，是一项继承优秀传统文化、弘扬革命文化、发展社会主义先进文化，坚定"四个自信"的宏大文化工程。它必将成为一种文化品牌，为各界人士了解老区宣传老区支持老区提供一部有价值的研究史料。希望读者朋友们能从中了解并牢记这些为党和民族的利益不断奉献的老区人民，从中得到教益，汲取人生奋斗的精神动力。

新时代赋予新使命，新起点开启新征程。让我们更加紧密地团结在以习近平同志为核心的党中央周围，坚持以习近平新时代中国特色社会主义思想为指导，增强"四个意识"，坚定"四个自信"，做到"两个维护"，弘扬老区精神，铭记苦难辉煌。为实现"两个一百年"奋斗目标，实现中华民族伟大复兴的中国梦作出新的更大的贡献！

2019 年 4 月 11 日

编写说明

2017年6月，中国老区建设促进会组织全国各地老促会启动编纂《全国革命老区县发展史》丛书，按照"建立中国共产党、成立中华人民共和国、推进改革开放和中国特色社会主义事业"三大里程碑的历史脉络，系统书写革命老区百年历史，深入挖掘革命老区红色文化资源，这对于充实丰富中国革命史籍宝库、在新时代传承红色基因、弘扬革命精神、强固根本，对于激励人们在新的历史条件下夺取中国特色社会主义伟大胜利，实现中华民族伟大复兴的中国梦具有重要意义。

丛书编纂以习近平新时代中国特色社会主义思想为指导，以《中国共产党历史》《中国共产党的九十年》等重要文献为基本依据，以党的领导为核心，以老区人民为主体，以老区发展为主线，体现历史进程特征，突出时代发展特色，坚持辩证唯物主义和历史唯物主义相统一、历史真实性与内容可读性相统一的原则，书写革命老区从站起来、富起来到强起来的光辉革命史、不懈奋斗史、辉煌成就史，把老区人民的伟大贡献、伟大创造、伟大成就、伟大精神充分展示出来，形成一部具有厚重历史特征和鲜明时代特色的精品力作。这是一部培根铸魂、守正创新，既为历史立言，又为时代服务，字里行间流淌着红色血脉、催生着革命激情的传世之作。丛书的编纂出版将成为讴歌党讴歌人民讴歌时代、传播红色文化、为革命老区和老区人民树碑立传的重要载体。

丛书按照编年体与纪事本末体相结合、以编年体为主的编写体例确定框架结构；运用时经事纬、点面结合的方式记述史实；坚持人事结合、以事带人的原则处理人与事的关系；采取夹叙夹议、叙论结合以叙为主的方法展开内容。做到了史料与史论、历史与现实、政治与学术统一，文献性、学术性、知识性相兼容。

为编纂好《全国革命老区县发展史》丛书，打造红色文化品牌，中国老区建设促进会认真组织积极协调，提出政治立场鲜明、史料真实准确、思想论述深刻、历史维度厚重、时代特色突出、编写体例规范、篇目布局合理、审读把关严格、出版制作精良的编纂出版总要求，力求达到革命史籍精品的精神高度、思想深度、知识广度、语言力度，增强丛书的权威性和社会影响力。各省（区、市）、市（州、盟）、县（市、区、旗）老促会的同志，以强烈的使命感、责任感和紧迫感，勇于担当，积极作为，认真实施，组织由老促会成员、专家学者等参加的十余万人编纂队伍。编纂工作主体责任在县，省、市组织协调、有力指导、审读把关。各方面人员以高度负责的精神和科学严谨的态度，满腔热情地投入工作，为丛书编纂出版作出了重要贡献。丛书编纂工作还得到了党和国家有关部委、地方各级党委政府及有关部门的大力支持和积极参与，社会各界也给予了热情帮助。中共中央政治局原委员、中央军委原副主席、原国务委员兼国防部长迟浩田上将，对老区人民怀有深厚感情，对革命老区建设发展十分关注，欣然为《全国革命老区县发展史》丛书作总序。

丛书由总册和1599部分册（每个革命老区县编纂1部分册）组成，共1600册。鉴于丛书所记述的史实内容多、时间跨度长和编纂时间紧，不妥之处，敬请批评指正。

中国老区建设促进会

1928年5月,中共丰顺县委(临时县委会)成立。成立旧址被国民党拆毁。图为解放初期在成立旧址上建立的九龙小学旧貌

1929年初,中共东江特委机关迁至丰顺茶背西山村。图为当年特委机关人员曾经居住、工作的旧址——龙中大屋

抗日时期汤坑"青抗会"和"妇抗会"第一、第二队队员合影

汤西镇大罗村耀华里,为解放战争时期闽粤赣边纵队二支五团所在地(图片选自《红色苏区美丽大罗》)

1949年4月解放五华县水寨时揭丰华边政工队短枪班部分队员的合影

1949年春,中共丰顺县委书记、二支五团政委王文波(右一),五团参谋长杨贵生(右二),杨胜(右三),胡思(后排)在八乡山丰顺县委所在地锅笃潭留影

1949年11月25日,二支五团团部及留守部队在丰顺汤坑石印荣合影

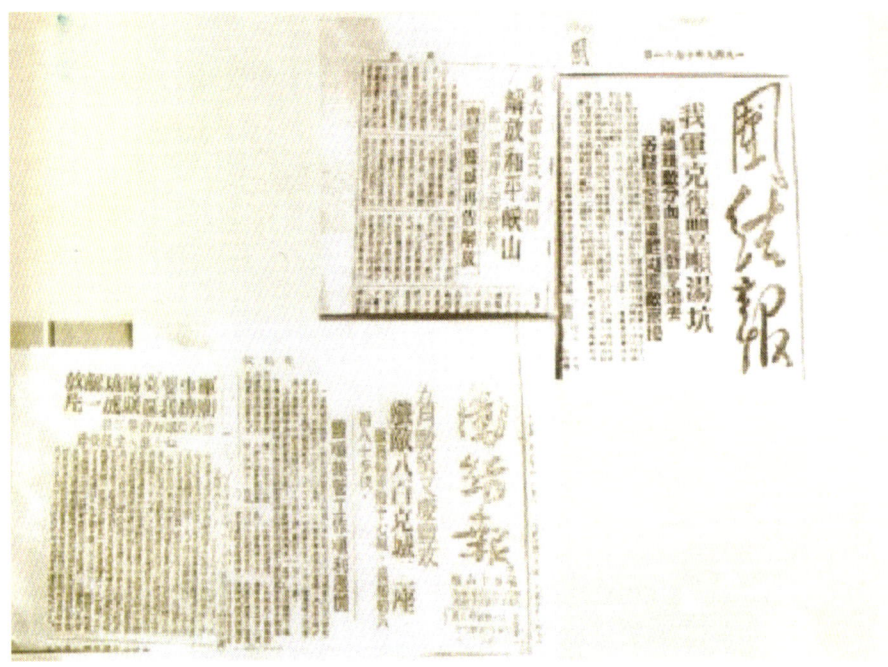

潮汕地委机关报《团结报》在1949年10月11日刊载我军解放汤坑和丰顺县城的报道

1949年10月17日,汤坑各界民众在丰顺三中(现汤中)大操场举行大会,庆祝中华人民共和国诞生

新世纪广场（罗炳才 摄）

丰顺县城夜景璀璨（彭敬东摄）

丰顺县城一景（蔡潮阳摄）

丰顺县生态工业园（罗道恩摄）

汤南镇石桥新农村（张兵摄）

八乡山学校（梁干辉摄）

八乡山卫生院（梁干辉摄）

潭江坚真韩江大桥（林旭军摄）

丰良镇中心卫生院（廖金发摄）

丰顺中学(廖金发摄)

黄金中学(丰顺教育局提供)

八乡尖山示范茶园（谭楚湘摄）

马山绿茶股份有限公司（龙岗镇党政办提供）

汤坑镇梅溪村容美如画(汤坑镇党政办提供)

潭江镇凤坪畲族村(潭江镇党政办提供)

砂田镇黄花村（图片选自《丰顺人文录》）

北斗镇拾荷村（图片选自《丰顺人文录》）

龙岗镇马图村(廖金发摄)

全国文明村——丰顺县汤西镇南礤村(廖金发摄)

龙归飞瀑

龙鲸河漂流（谭楚湘摄）

揭岭飞泉（图片选自《丰顺人文录》）

粤东第一高峰——铜鼓峰（张仁摄）

八乡山鸿图嶂冰雪雾（张海帆摄）

八乡山大峡谷（张兵摄）

丰顺公园小景（罗炳才摄）

丰顺公园内的中华龙（图片选自《丰顺人文录》）

丰良韩山生态旅游度假区倚竹阁（图片选自《丰顺人文录》）

千江酒店温泉（杜海彪摄）

汤坑温泉（梁干辉摄）

丰良斜塔（游坚摄）

丰良镇一瞥（洪奕奇摄）

中国客潮特色小镇——磜隍古镇新貌（图片选自《丰顺人文录》）

磜隍鹿湖温泉度假村（图片选自《美丽丰顺》）

鹿湖温泉度假酒店（潘锐彬摄）

溜隍镇万江古榕远景（廖金发摄）

国家级非遗保护项目——埔寨火龙（吕海宁摄）

中国古村落——种玊上围（曾永颂摄）

广东省古村落——建桥围（曾万水摄）

我国第一座地热发电试验电站——丰顺邓屋地热试验电站（图片选自《丰顺县志》）

潭江官溪村一瞥（廖金发摄）

丰顺群众把免费取用的温泉水挑回家中使用

丰顺县黄金镇枫树坪新村

2015年11月14日,广东省老促会会长陈开枝(右三)在丰顺老区调研,中共丰顺委书记曾永祥(右二)陪同(廖金发摄)

2018年6月14日,丰顺县关工委、老促会、作家协会到汤西镇大罗村开展"传承红色基因"活动(廖金发摄)

序　言 / 001

第一章　丰顺县概况综述 / 001

第一节　基本情况介绍 / 002

第二节　革命老区镇和革命老区村 / 006

第二章　土地革命战争时期革命根据地的创建 / 009

第一节　九龙嶂革命根据地的创建及其意义影响 / 010

　　一、中共领导下的丰顺农民运动的兴起 / 010

　　二、九龙嶂革命根据地的建立 / 012

　　三、丰顺暴动的经过及历史意义 / 015

　　四、九龙嶂革命根据地的历史地位和影响 / 021

第二节　赤帜飘扬八乡山 / 023

　　一、八乡山革命根据地的形成和开展的革命斗争 / 023

　　二、东江特委机关迁入丰顺 / 026

　　三、八乡山第一仗 / 029

　　四、东江苏维埃政府和红十一军成立 / 030

　　　　五、伏击反动县长 / 031
第三节　南昌起义军南下粤东和梅丰埔苏区 / 035
　　　　一、汤坑战役 / 035
　　　　二、红四军进驻马图推动了丰顺革命斗争的发展 / 039
　　　　三、毛泽东等七人布告推动了丰顺土地革命运动 / 040
　　　　四、梅埔丰地区革命斗争的历史贡献 / 042
第四节　老区群众在革命根据地建设中的历史作用 / 044
　　　　一、对实现革命割据和发展革命武装的巨大支持 / 044
　　　　二、在物质生活上对革命斗争的巨大支援 / 045
　　　　三、在艰苦斗争中造就的老区精神 / 047

第三章　全民族抗日战争时期的抗日爱国壮举 / 049

第一节　抗战时期丰顺县的党组织与抗日救亡运动 / 050
　　　　一、抗战时期丰顺县的党组织 / 050
　　　　二、汤坑地区青年抗日救亡同志会的成立 / 052
　　　　三、磜隍地区的抗日斗争 / 053
第二节　丰顺抗日斗争的历史地位和贡献 / 056
　　　　一、日军侵略丰顺的罪行 / 056
　　　　二、丰顺各地抗日斗争的历史地位和贡献 / 059

第四章　热血浇筑解放路 / 063

第一节　全国解放战争时期丰顺县的党组织和根据地 / 064
　　　　一、全国解放战争时期中共丰顺县的各级党组织 / 064
　　　　二、游击根据地的建立和武装斗争的发展 / 066

三、中国人民解放军闽粤赣边纵队 / 069

第二节　粉碎国民党五次"清剿" / 071

一、第一次反"清剿"斗争的胜利 / 071

二、第二次反"清剿"斗争的胜利 / 072

三、第三次反"清剿"斗争的胜利 / 074

四、第四次反"清剿"斗争的胜利 / 076

五、河西秋收保卫战和第五次反"清剿"斗争的胜利 / 077

第三节　配合南下大军作战解放丰顺全境 / 079

一、大坑之战 / 079

二、解放汤坑和丰顺县城（丰良） / 080

三、攻打隬隍之战 / 083

四、丰顺全境解放和欢庆胜利 / 086

第五章　红色土地上的绿色崛起 / 089

第一节　丰顺老区迅速发展 / 090

一、探索发展，建设老区新家园 / 090

二、改革开放，谱写丰顺新篇章 / 093

三、高看一眼，扶持解决"三大难" / 098

四、党的十八大以来的光辉成就 / 102

第二节　扶贫攻坚谱新章 / 107

一、丰顺县脱贫攻坚十项工程 / 107

二、发展特色产业，推动脱贫攻坚 / 112

三、促进老区发展的新举措 / 116

第三节　经济社会发展情况 / 120

　　一、高举伟大旗帜，加快丰顺振兴发展 / 120

　　二、实施乡村振兴战略，统筹城乡协调发展 / 128

　　三、新时代、新气象、新作为，推动生态富民强县 / 132

第六章　千秋丰碑　光照日月 / 137

第一节　丰顺县革命历史旧（遗）址 / 138

第二节　丰顺县革命纪念建筑 / 151

第七章　革命历史文献资料 / 161

第一节　革命斗争大事记（1921—1949）/ 162

　　一、党的创立和大革命时期（1921年7月—1927年7月）/ 162

　　二、土地革命战争时期（1927年8月—1937年7月）/ 165

　　三、全民族抗日战争时期（1937年7月—1945年8月）/ 177

　　四、全国解放战争时期（1945年8月—1949年9月）/ 183

第二节　丰顺县革命时期流传的山歌、歌谣 / 192

第三节　丰顺革命斗争历史的特殊荣光 / 196

　　一、丰顺被确认为中央苏区县 / 196

　　二、无产阶级革命家在丰顺的光辉足印 / 200

　　三、丰顺县革命烈士 / 209

后　记 / 232

序言

2017年6月，中国老促会下发《关于编纂全国1599个革命老区县发展史的安排意见》文件后，丰顺县委高度重视，认真落实，经过筹备，印发了《关于成立〈丰顺县革命老区发展史〉编纂委员会的通知》，召开了《丰顺县革命老区发展史》编纂工作会议，正式启动编纂工作。县政府列支专项经费，县老促会、县史志办共同努力，邀请了解县志、党史的老干部、老同志组成执行编纂工作班子。经过上下共同努力，《丰顺县革命老区发展史》一书和大家见面了。

这本书全面反映了丰顺县革命老区的斗争历史，热情讴歌了丰顺地方党组织和共产党员在白色恐怖的血雨腥风中，不怕牺牲，英勇奋斗，坚持开展对敌斗争的革命业绩，充分展现了丰顺人民在中国共产党的领导下，不畏强暴，勇敢顽强，积极投身人民解放战争的精神风貌，是对广大党员、干部、群众和青少年进行党性教育、革命传统教育、爱党爱国教育的生动教材。此书的出版，属于《全国革命老区县发展史丛书》之中的一册，可喜可贺！

丰顺人民素有革命斗争精神的光荣传统。明清时期就不断出现农民和矿工反抗封建统治的斗争，先后发生过朱阿姜起义、古声扬暴动、钟富山暴动等反抗封建压迫的义举。土地革命战争时期，在中国共产党的领导下，丰顺县农民自卫军、赤卫队、工农革命军曾三次攻打县城丰良，举行威震东江的"丰顺农民武装暴动"，建立起苏维埃政权。接着在九龙嶂成立以古大存为首的

"五县暴动委员会"和"七县联合委员会",开辟革命根据地。成立东江苏维埃政府,建立中国工农红军第十一军。在丰顺人民的配合下,与国民党军队展开不屈不挠的斗争,如汤坑战役、八乡山第一仗、奇袭潘田乡公所等战役,都给予国民党军队狠狠打击。抗日战争时期,在中国共产党领导下,实行第二次国共合作,以冯剑南为首成立了丰顺县青年抗敌同志会,建立青年抗日先锋队,动员全县青年参军参战,发动群众和侨民捐款、捐物支援抗日救亡。解放战争时期,中国共产党领导的革命武装斗争如火如荼,成立闽粤赣边人民解放军粤东支队,先后在潮揭梅埔丰边等地建立武工队、人民游击队,频频出击国民党反动武装,粉碎了国民党多次"大扫荡""大围剿"。1949年1月,成立中国人民解放军闽粤赣边纵队,广大军民团结一致、英勇奋战,三次攻克县城丰良、两次攻克汤坑,终于赢得了丰顺全境的解放。

在丰顺县这块土地上,留下了周恩来、朱德、陈毅、聂荣臻、李井泉、古大存、李坚真、刘永生等老一辈无产阶级革命家的足迹,为丰顺人民立下了不可磨灭的功绩。革命事业的成功离不开革命英烈抛头颅、洒热血的英勇奋斗,丰顺县的黎凤翔、张泰元、邓子龙、彭在旋等986名烈士的革命精神流芳百世,永远镌刻在光辉的革命史册上。

不忘初心,牢记使命。编写《丰顺县革命老区发展史》,重温老区革命和发展历史,我们深感任重道远。继承和发扬老区的光荣传统,进一步加快丰顺发展的步伐,加快实现丰顺崛起,是我们的责任担当。让我们高举习近平新时代中国特色社会主义思想伟大旗帜,全面贯彻落实十九大精神,以强烈的使命感、责任感和紧迫感,全力推进丰顺振兴发展,把丰顺这块具有光荣革命历史的土地建设得更加繁荣美丽。

《丰顺县革命老区发展史》编委会
2019年3月

第一章
丰顺县概况综述

第一节 基本情况介绍

丰顺县位于广东省东部，梅州市南端，地跨东经115°30′~116°41′，北纬23°36′~24°13′。东邻饶平、潮安，西接五华、兴宁，南连揭东、揭西，北靠梅县、大埔。总面积2710平方千米，陆地东西纵距84千米，南北横宽68千米。县城设在汤坑镇，西距省会广州约4个小时车程，北距梅州市约1个小时车程，南距汕头、揭阳、潮州是1个小时车程。县区域辖16个镇，一个国有农场，人口75万，常住人口49万。县内民众主要是汉族，东部有500多畲民居住在凤坪村。

丰顺旅外华侨50多万人，为华侨之乡。温泉广布，是中国温泉之城。丰顺还是中国火龙之乡、中国长寿之乡、中国金融生态县、原中央苏区县、国家可持续发展实验区、中国民间文化艺术之乡、广东电声之都。

（一）历史沿革

丰顺在春秋战国时为百越地，秦汉时期属南海郡揭阳县，东晋至隋朝属义安郡海阳县，唐代属潮阳郡海阳县，宋、元、明时期属潮州府海阳县。乾隆三年（1738年），划出海阳县丰政都、揭阳县蓝田都、大埔县清远都和嘉应直隶州万安都之部分地方，建置丰顺县。县城设在丰良镇。

中华人民共和国成立后，县城由丰良镇迁至汤坑镇，隶属兴梅专区专员公署。1952年10月隶属粤东行政专员公署，1956年2

月隶属汕头专区专员公署。1958年12月撤销丰顺县，县地分别划入揭阳、大埔两县。1961年恢复丰顺县建置，隶属于汕头地区。1965年隶属梅县地区，1988年隶属于梅州市。

（二）地理概况

丰顺县域处于华南莲花山脉中段，韩江和榕江是县域东部、西部的两大水系。山地、丘陵占全县总面积的88%，平原与溪谷占12%。境内山体庞大，地势高峻，海拔千米以上的山峰有57座，北部铜鼓峰海拔1 559.5米，为粤东第一高峰。地势北高南低，中部韩山突起，横贯其中。南部靠近潮汕的三汤平原，海拔最低仅8米，人口密集，土地肥沃，是全县主要产粮之地。中北部层峦叠嶂，翠绿林丰，山清水秀，盛产竹木。主要河流11条，主河道总长410千米，水流急，落差较大。水力资源丰富。水能资源理论蕴藏量21.9万千瓦，过境韩江蕴藏量30万千瓦。

丰顺县内气候差异较大。南部靠近潮汕平原，属海洋性气候；北部山区则具有大陆性气候特点。全县属南亚热带季风气候区，非地带性气候明显。全县四季分明，春季温和少雨，夏季炎热多雨，秋季台风雨多，气温渐凉，冬季低温霜冻。年平均气温21.4℃，年平均日照1 938.8小时，年均霜期4~5天，年平均降雨量1 776.1毫米，全年气候温和，雨量充沛，日照较强，无霜期长。

丰顺县自然资源丰富，丰顺地质是地层褶皱形结构，岩石断裂形构造。土壤有水稻土、菜园土、潮泥沙土等8个类型。岩石主要以岩浆岩、火山岩、花岗岩为主。全县农地总面积3.79万公顷，其中耕地面积1.94万公顷，林地总面积22.53万公顷。全县有金属矿物磁铁矿、赤铁矿、钨矿、铅矿、锌矿、锡矿和稀土等19种。非金属有石材、石墨、高岭土等。

（三）人文历史

丰顺人文底蕴厚重，客潮文化相融。明代黄一道、罗万杰进士均为一代名贤。清代丁日昌是著名藏书家，是洋务运动的倡议者和践行者。抗日战争时期的徐名鸿，抗日御外，被中共中央追授为民族英雄。当代，有誉声中外的数学家、中国科学院院士李国平，有"华夏女杰"美誉的李坚真。丰顺的泰斗俊彦，为丰顺文化增添了无限的光彩。朱德、陈毅、罗荣桓、聂荣臻、粟裕等著名军事将领曾在丰顺留下战斗的足迹，为丰顺人文历史铸下了不可磨灭的印记。

丰顺地方语言主要有客家话和潮州话，"客中有潮、潮中有客"的客潮文化，催育了全国客潮特色小镇——陥隍。2008年，丰顺埔寨"烧火龙"，被确定为国家级非物质文化遗产；汤南镇的"种玊上围"被确定为国家级的古村落。还有其他古村落建桥围、埔寨纸花、陥隍云片糕等非物质文化遗产，都为丰顺人文历史书写了浓重的华章。

（四）地质资源

丰顺县是全国地热资源最为丰富的地区之一，是著名的温泉之城。素有温泉胜地之美誉的丰顺县，温泉资源遍布8个镇24处。日采量可达3万吨。2014年，中国矿业联合会组织专家通过对丰顺温泉区的温泉资源等进行详细考察调研，结合相关申报材料，于11月1日，在北京举行的专家评审会上，通过了丰顺为"中国温泉之城"的评审。丰顺温泉富含偏硅酸、氡、氟和硫黄等具有医疗保健价值的多种成分，具有分布广、储量大、水温高、水质好、易开采的特点，开发价值高、推广市场大。温泉主要地热田9处，最高水温92℃。1970年，中国自行设计和建造的全国第一座地热发电试验电站就建在丰顺县城汤坑镇邓屋村，这是中国成为世界上第三个能够利用温泉资源发电的国家的重要标志。

（五）旅游资源

丰顺县素有"九汤（温泉）十八漈（瀑布）"之称。高山、河流、峡谷等造设了大量壮丽雄伟的自然景观，吸引了无数的游人墨客。南宋理学家朱熹曾在揭岭飞泉瀑布留下摩崖石刻"落汉鸣泉"四字。经过长期的保护和科学环保的开发，丰富的温泉、众多的瀑布、名山大川，成了丰顺的旅游胜景。旅游景点有千江温泉度假区、隆隍鹿湖温泉度假区、龙鲸河漂流、龙归飞瀑、揭岭飞泉、铜鼓峰高山旅游区、黄花村乡村游、八乡山大峡谷、韩山生态旅游度假区及太平寺、济公殿、西岩寺、丰顺公园、坚真公园等。

近年来，随着一批非物质文化遗产的确定落地，更是让丰顺旅游资源上了新的层次。2014年，丰顺县龙上古寨入选了国家住建部、文化部等评审的"中国传统村落"名录。龙上古寨位于丰顺县汤南镇新铺园村，有700多年历史。建筑占地面积16 373平方米，寨内建有三街六巷十二祠堂七十二合院。最多的时候曾经住过4 000多人。坐西向东，四周用青砖或三合土灰夯筑成高5.5米、厚0.46米的围墙。围墙中间按八卦方位建有8个柜式哨楼，开3个门。东门广场上有始建于明嘉靖三十一年（1552年）的罗氏宗祠，是龙上古寨里保护最完整的建筑。龙上古祠曾出文武进士3名、文武举人19名。

（六）区位优势

丰顺毗邻汕头、潮州、揭阳，距离揭阳潮汕机场、厦深高铁潮州中心站仅40分钟左右的车程，是梅州通往潮汕平原的"南大门"，也是潮汕平原通往赣南、闽西腹地的"桥头堡"。梅汕高铁、大丰华高速公路动工建设，进一步拉近与周边地区的时空距离，使丰顺成为对接珠三角、融入汕潮揭、借力海西区的重要节点。丰顺对内对外的联系联络，比以前任何时候，都更方便快捷。

第二节 革命老区镇和革命老区村

中华人民共和国成立后,党和政府在关心老区的系列举措中,制定了评划革命老根据地的标准和办法,让老区人民享受到应有的政治荣誉和经济待遇。1957年4月17日,省人民委员会印发《关于评划革命老根据地标准的通知》;1988年11月12日,省人民政府办公厅根据国务院批准民政部民发相关文件的规定精神,发出粤府办《转发省老建委关于补划老区村庄的意见的通知》;1991年10月21日,广东省民政厅发出《印发〈关于开展评划解放战争游击根据地和确定老区乡镇、老区县工作方案〉的通知》。丰顺县根据以上文件通知精神,经过调查研究、依据史实和广泛征求意见,严格按审核权限审核,评划了县域内的革命老根据地自然村庄。在评划中,丰顺县被定为省重点革命老区县。

1994年6月27日,梅州市人民政府办公室发出《关于梅南镇等97个镇(场)确认为老区乡镇(场)的通知》,确定丰顺县上八乡等20个镇为革命老区镇,占当时丰顺县共25个镇(场)总数的80%。据2017年年底统计,全县16个镇、1个国有农场,老区镇14个,占87%;全县263个行政村,老区行政村193个,占总数的73%。革命老区占地面积和人口分别占全县面积和人口的85%和65%。

广东省民政厅1997年出版的《广东省革命老区村庄名册》中,列举了丰顺县866个革命自然村的村庄名称。其中,抗战时期463个,解放战争时期403个。

丰顺县老区镇、老区村一览表

单位	村委（个）	社区（个）	老区镇（个）	老区行政村（个）	老区自然村（个）	老区行政村名
合计	263	19	14	193	866	
汤坑镇	32	10	1	14	82	城北居委（从上八乡尖山荷岭村迁入）虎局、富坑、后安、东秀、石联、横东、上村、棋坪、梅溪、下村、吉坪、东山、均田、新铜
北斗镇	8		1	5	46	桐新、桐棠、才口、拾荷、茜坑
汤西镇	12	1	1	7	49	河西、南磜、新兴、大罗、石江、西城、蕉潭
汤南镇	8	1		3	19	隆烟、长坑、新埔园
埔寨镇	9	1		4	14	塔下、茅园、学枫、横坑
八乡山镇	15		1	15	35	苏坪、蝉联、戏潭、银河、尖山、高车、龙岭、碇尾、大竹、下马、马山、小溪、贵人、方吉、滩良
丰良镇	22	1	1	14	62	复兴、城东、城西、小椹、黄粗、布新、九龙、丰田、三山、兵营、璜溪、仙龙、下山、仙洞
建桥镇	10		1	9	35	三和、环东、建桥、建安、三社、环西、环中、郑屋、岗围
龙岗镇	11		1	11	39	松江、梅桥、江坑、桔演、新合、上林、松梅、坪丰、田坑、马图、新华
潘田镇	13	1	1	11	55	石坑、华亭、松柏、填江、新联、铁坑、中心、集群、新东、流坑、新南

（续上表）

单位	村委（个）	社区（个）	老区镇（个）	老区行政村（个）	老区自然村（个）	老区行政村名
大龙华镇	16		1	15	64	江背、长布、松坑、华东、叶华、北溪、双罗、长埔、大田、石门、铜山、径门、上溪、罗洋、龙北
黄金镇	24	1	1	20	83	嶂背、三合、遍沙、三联、鹅湖、芹菜洋、双灵、坑尾、深田、埔头角、罗江、东坑、望楼、湖田、光明、径双、清溪、启明、隍洞、扬石
馏隍镇	36	1	1	27	156	溪北、高华、富足、黄磜、黄沙坑、葛布、砂汤、锡坑、庵坑、小东、大坪、石九、新埔、仙丰、志南、长林、志扬、新美、口铺、西山、崇下、黄沙田、金岗、茶背、蔗溪、上南、下南
潭江镇	18	1	1	17	65	大胜、粉畚、枫坑、富溪、降福、潭江、丹竹洋、溪西、三洲溪、箭竹、社輋、然新、官下、官上、凤坪、银溪、官溪
砂田镇	16	1	1	14	21	占上、占山、砂溪、铜峰、大坑、岳坑、南洋、南溪、占下、占中、新塘、南坑、茜坑、荐坪
小胜镇	11		1	7	41	朱坑、荷坪、小溪、中社、丹竹、大南、三坑
埔寨农场	2					

说明：本表依据1994年《梅州市老区基本情况》、1997年《广东省革命老区村庄名册》、2017年《丰顺年鉴》相关内容印制

第二章
土地革命战争时期革命根据地的创建

第一节 九龙嶂革命根据地的创建及其意义影响

一、中共领导下的丰顺农民运动的兴起

丰顺的农民运动，是在彭湃组织和领导的海丰农民运动影响下开展起来的。1922年6月，彭湃在海丰赤山沟成立了全国第一个农会组织。1923年1月召开了海丰县农民代表会，成立海丰县农总会，会长彭湃。11月，彭湃在汕头市成立"惠潮梅农会筹备处"，农民运动进一步扩展到潮安、五华等县。丰顺受影响很大，县内一批外出潮安、汕头求学的知识分子和到五华探亲的农民，大造农运舆论，为农民运动的兴起打下了一定的思想基础。

1925年第二次东征胜利后，11月21日国民政府委任周恩来为东江各属行政委员会委员，同时接受国民党广东省党部委派为东江党务组织主任。同日，国民党潮梅特别委员会成立，彭湃是委员之一，办事处设汕头市。此时，从行署到县政府，都把农民运动列入议事日程，认定农民运动是重要革命工作之一，并由农民部专抓此项工作。那时，丁愿以中共潮梅特别委员会委员身份，从广州到汕头工作。曾经参加过五四运动的学生蔡宁、丁文珂、冯郁文、高腾汉等人，在汕头拜访丁愿。丁愿向他们介绍了彭湃在海陆丰搞农民运动的情况，启发引导大家回乡组织农会，开展农民运动，后来还亲自与杨石魂等来丰顺指导各乡成立农会。1925年冬，丁文珂在石印村成立乡一级农民协会；高腾汉在石桥

头成立乡一级农民协会；邱月初在山角和坡尾楼分别成立乡一级农民协会；黄阿豹在庆阳楼成立乡一级农民协会。这5个乡农民协会，于1926年3月5日得到广东省农民协会执行委员会正式批准公认。7月初，蔡宁在太平楼、冯郁文在广湖、马春荣在上安全、刘大白在坪城、傅传林在河西、陈细名在东里等地又成立了共7个农民协会。此时，全县共有农民协会会员480人。

1926年5月1日，广东省农民协会召开第二次农民代表大会。丰顺县由共青团支部书记、乡农民协会会长蔡宁出席会议。会前，丰顺已着手筹备丰顺农民协会。蔡宁参加会议回来后，更积极开展农运工作，发展农会会员。省农民协会常委彭湃，会后也来到丰顺视察，帮助丰顺成立农民协会。丰顺县籍长征女战士李坚真，也就在彭湃在黄金深入农户视察时，见到了仰慕已久的农民运动领导人。彭湃对李坚真和其他农会会员宣传组织农会的重要性。彭湃说，组织起来，就好比五根手指捏成一个拳头，拳头打人才有力量。农民组织起来，成立农民协会，就好像捏成一个拳头，这样对土豪劣绅斗争才有力量。李坚真听后明白了成立农民协会的道理，不但报名入会，还根据彭湃宣传农民运动的精神，编了很多容易传唱的山歌。比如"六月割禾正当午，点点汗滴如田土。几多辛苦为别人，打下粮食无米煮"，"农友快快来入会，捏成拳头团结紧。减租减息不完债，组织起来斗豪绅"，等等。

1926年夏，由蔡宁主持，召集有关人员在县城丰良传达省农代会精神，培训农会骨干，组织指导这批骨干回各区乡成立农民协会。1926年秋，在县城丰良良乡普善堂成立县农民协会。蔡宁为农会部部长，陈思永为秘书，执委有黎凤翔、彭在璇、王少华、杨振东，冯连山、吴毓芬、郑雁云、张其华、张泰元、杨立中等。10月和11月，中共汕头地委派汕头农民运动讲习所学员杨展谋（杨觉中）担任丰顺农运联络员。在各级领导重视下，丰顺各乡遍设农会。农民运动遍及全县。

从1925年冬成立农会开始，各农会会址扯起犁头农会旗，室内排列着红缨枪、耙串等武装，发动农民参加农民自卫军，开展以"二五减租"为中心的反封建斗争。丰顺农民运动的兴起和发展，为建立壮大共产党领导的革命武装打下了坚实的思想和组织基础。1927年4月12日蒋介石发动反革命政变后，丰顺县各地的农民自卫军和农会会员，在中共的领导下，开辟发展革命根据地，为追求翻身解放，坚持以革命武装反对国民党的反动统治，进行了长期不屈不挠的英勇斗争。

二、九龙嶂革命根据地的建立

九龙嶂地处丰顺县北片，与梅县交界，有千米以上的高山，紧紧和铜鼓嶂、鸿图嶂联系在一起，是以古大存为首创建的东江革命根据地。1927年10月间，梅县郑兴、朱公伟等率领农民自卫军三四十人，从梅南来到丰梅交界的九龙嶂与丰顺黎凤翔、张泰元等领导的农民自卫军会合，按省委指示成立广东工农革命军东路第十团及其军事委员会。郑兴（郑天保）、张泰元分别任正副团长和军委正副主席，蔡若愚（胡一声）为党代表，黎凤翔、邹玉山为委员。此后，九龙嶂逐渐建成革命根据地。

1928年2月11日，工农革命军东路第十团和丰顺县农民武装近万人，以良乡为大本营，分五路层层包围、攻打县城（丰良），激战三昼夜，打得县长冯熙周连发"十万火急"快电求援。后因国民党十三军第二师等部队从三面赶来援救，工农革命军遂撤回九龙嶂革命根据地。

中共八乡山支部根据当时形势和暂时与上级组织失去联系的情况，认为要建立一个公开的根据地，以武装行动去扩大影响，才能与上级党组织取得联系，使失散的革命战士有一个联络的目标。因此决定以九龙嶂为根据地，八乡山仍保持为秘密活动的根据地。党支部在马屋山观音坐莲设立了总交通站，担负起联络各地党组织的任务。古大存和李斌等首先与丰顺农会的几位干部进入九龙嶂，公开以武装队伍行动，打击敌人，进行筹粮筹款，发动群众。1928年7月间，他们与在九龙嶂坚持斗争的原广东工农革命军东路第十团团长郑兴取得联系。

陆续到达九龙嶂的有中共丰顺县委书记黎凤翔，中共兴宁县委委员、第十二团团长刘光夏，中共大埔县委委员张家骥（一说罗时元）。他们开会研究决定成立五华、丰顺、梅县、兴宁、大埔"五县暴动委员会"，推选古大存为暴动委员会主席，黎凤翔负责组织，郑兴负责宣传，郑兴、黎凤翔、刘光夏、张家骥4人为委员。暴动委员会下设军事委员会，古大存任军委书记。会议决定积极开展武装斗争，扩大九龙嶂、铜鼓嶂、明山嶂、八乡山根据地。为了扩大政治影响，在群众中公开树起革命的旗帜，会议决定8月举行畲坑暴动。

畲坑是梅县南部的一个重要圩镇，介于梅县、兴宁、丰顺三县的边界，距离城市较远。圩内守敌只有民团300余人，力量较弱。工农革命军攻打畲坑，既有胜利把握，又利于扩大政治影响。为此，五县暴动委员会作了战斗部署：

（1）派刘光夏和第十团中队队长邓子龙等化装潜入畲坑圩，侦察敌人的布防和军情。当时敌人分四处驻防，但只侦察到两处。

（2）从八乡山调遣李斌、古宜权带领的工农革命军东路第七团和九龙嶂第十团部分战士30多人，组成暴动突击队，与农民密切配合。

（3）提出"没收土豪劣绅财产分给贫苦农民"的口号，广泛发动周围农民参加暴动，组成了有数千农民参加的没收队。

1928年8月的一畲坑圩日，畲坑暴动按部署行动。工农革命突击队和农民武装即冲进畲坑圩，消灭两处驻敌100多人。另两处敌人闻讯来援救，包围突击队。古大存、刘光夏等带领没收队700多人进行反包围。敌军误认为是工农革命军赶到，慌忙撤围上山。突击队乘机从两旁反击，缴枪20多支和大批物资，打败了敌人，取得重大胜利。

畲坑暴动后不久，中共揭阳县委负责人卢笃茂、潮安县委负责人张义廉也到了九龙嶂。经过兴宁、五华、丰顺、梅县、大埔、揭阳、潮安七县中共县委负责人协商，决定在五县暴动委员会的工作基础上，成立"中国共产党七县联合委员会"，由七县委负责人组成，推选古大存担任七县联委书记。在七县联委的统一领导下，结束了1928年年初以来各地党组织与上级联系中断、分散斗争的状况。

七县联委成立后，为了扩大胜利，领导成员分赴各地开展工作。郑兴、黎凤翔留在九龙嶂，活动于九龙嶂附近的梅县南部、丰顺北部一带，李明光到铜鼓嶂，分别在各地开展乡村武装割据斗争。古大存率领武装主力回八乡山，继续恢复和发展党组织，发动农民开展武装斗争，建设革命根据地。

1928年11月间，丰顺县工农兵代表大会在九龙嶂山下的叶华宝田庐召开，县委书记黎凤翔主持，会上成立丰顺县革命委员会，选举委员长黎果，副委员长李坚真、朱士庵。

1929年4月7日至8日，丰顺县委接东江特委指示，举行了丰顺暴动，取得成功。东江特委称"丰顺暴动，在东江革命的形势复兴开展过程中"，成为"东江群众斗争中一声有力的号炮"。1929年年底至1930年春，丰顺县苏维埃政府在马图成立，黎果任委员长。九龙嶂周边的马图、坪丰、松梅、江坑、上林、吉演、田坑、松江、新合、九龙、布新、黄粗、小椹、复兴、城东、城西、叶田、坪峰、三和、丰田、兵营等地,先后成立了乡(村)一级苏维埃政权。

1930年秋开始,各县苏区受国民党的"围剿",红色区域愈缩愈小。为了适应新的斗争形势,有利于领导,丰顺和梅县的县委都移到两县交界的九龙嶂山区,合并成立中共丰梅县委,同时成立丰梅武装大队(游击队)。

1932年8月,西北游击队(丰梅属等区),为了牵制部分敌人对中央苏区的第四次"围剿",不断扩大武装力量,主动出击敌人,粉碎两广军阀进攻苏区红军的计划,密切与中央苏区的联系。

土地革命时期,在九龙嶂革命活动中牺牲的主要烈士有:中共丰顺县委书记黎凤翔,中共丰顺县委书记、东江苏维埃政府执行委员黎果,丰顺县委宣传部部长彭在璇,丰顺革命委员会委员刘中天,红军四十六团副团长邓子龙,丰顺县革命委员会委员陈仕珍,中国工农红军第十一军政治部主任罗欣然(大埔人),中共丰顺县委常委、丰顺县革命委员会主席邹玉山,丰顺县委委员廖祝梅(女,梅县人),红军四十六团副团长刘春(紫金县人),丰顺县妇联妇委蓝云标(女),中共丰顺县委候补委员杨立中等。

三、丰顺暴动的经过及历史意义

丰顺县的农民自卫军和赤卫队,在中共丰顺县委直接领导下,曾于1927年4月21日、5月15日和1928年2月11日,三次围攻丰顺县政府国民党反动派。还于1928年2月4日,攻克潘田乡,有"丰顺暴动"之称。这里讲的是中共东江特委指出的1929年4月的丰顺暴动,也有人称为丰顺一、四区暴动或隬隍暴动。这次暴动,对于建立和巩固八乡山、九龙嶂和铜鼓嶂三块革命根据地,并领导暴动群众开展游击战争,扩大党的武装队伍,建立广大农村红色政权,都有重要历史意义。

暴动前,丰顺县委对当时的政治情势、党务状况、群众组织状况,作了认真分析,认为除了在客观方面——蒋桂战争有利于暴动之外,还有几个有利方面:一是群众为了抗租分田地,迫切要求暴动;加上八乡山第一次反"围剿"的胜利,对群众鼓舞很大,群众革命情绪高涨。一区的群众要求打县城(丰良),四区群众要求打黄金市和潘田铺。二是敌人的动摇崩溃。当时一区(县城)的治安警卫队,二、四、五区联防总处和三区的反动派,矛盾重重,经费无着落,都无多大的战斗力。大姓的土豪劣绅思想不一致。四区反动派,是以潘田铺和黄金市(区署所在地)两地为中心,但两地的周围农村,许多不是敌人的势力范围。特别是五区,因缺乏经费,治安会、警卫队已全数瓦解。

丰顺县委还认为,暴动是解五华县委和部队之围,巩固八乡山革命根据地的必须举措。当时中共五华县委和古大存带领的部队,都在八乡山发展根据地。国民党丰顺县县长方乃斌电请东区绥靖公署行营主任徐景唐,派国民党叶团一团人,配合一区的土豪劣绅的武装100多人,于4月5日由汤坑进兵河西、南礤一带,"围剿"八乡山。因此,唯有起来暴动,才能牵制敌人,巩固八乡山革命根据地。

根据当时形势,丰顺县委作了全面部署。由丰顺县工农兵革命委员会、丰顺县军事委员会成立总指挥部,集中红军(含赤卫队)600人作为主力,直接由丰顺赤卫队总队长刘春指挥。全县划分为四个暴动区:在丰顺东北片的二(磜隍)、四(黄金)区,敌人力量较弱,划为第一暴动区,作为暴动的重点,决定先打黄金市,后打磜隍市。一区(附城)划为第二暴动区,决定各乡同时行动，但不宜攻县城。在丰顺西南片的三区（汤坑），划为第三暴动区，区内驻有敌军叶团部队，正在围攻八乡山，而丰顺革命军在汤坑市和周围打游击，牵制敌人对八乡山的围攻。五区（潭江）为第四暴动区，则配合第一暴动区作战，决定4月7日在黄金市先行动，然后各暴动区全面行动。

暴动经过：第一暴动区，为了4月7日先在黄金市打好开头炮和攻打��隍市，县委书记黎凤翔、县赤卫队总队长刘春，于6日亲自到第一暴动区部署行动，指挥作战。具体组织了三路军，第一路军由总指挥刘春带领，从潘田铁坑村出发打黄金市；第二路军由军委负责人陈仕珍带领，出发攻打��隍市；第三路军由四区委带领，在潘田大路作后援和阻击。6日晚上，第一路军集中红军两个中队、四区赤卫队一个中队和革命群众300多人，在刘春率领下，连夜由潘田铁坑村分三路出发。7日天刚亮，即抵黄金市，把国民党四区治安会、兵房、警署、党部机关包围，发起冲击，敌人心惊胆寒，不敢应战。丰顺革命军即呼喊"缴枪不杀！"开展政治攻势。当时警署柯巡官想顽抗逃脱，当场被击毙。其余20多个警兵纷纷弃枪逃跑，其中被击毙数人，投降3人，缴枪20余支。在搜捕中，又在益丰店活捉了二、四、五区三个区的联防总处副主任、黄金市联防主任刘饮堂，其子刘野炉想爬屋顶逃走，也当场被击毙。负责在潘田大路打援和阻击的丰顺革命军，在攻打黄金市时，也配合攻打潘田寨下驻扎的敌兵，紧紧卡住潘田的敌人，使他们不敢往黄金援助，以此攻陷了黄金市。解放黄金市后，到处发出总指挥刘春的安民布告，贴上铲除国民党之标语。摇铃集会，大力宣传共产主义，扶助农工，打倒土豪劣绅、不还债、不纳税等方针政策。打黄金市旗开得胜。

攻陷黄金市后，乘胜前进。于7日上午由黄金市分兵一路，在刘春带领下，经过莲塘村，向��隍市西北推进。另一路，由军委陈仕珍等负责人，带领红军和赤卫队200多人，从潘田和黄礤等革命根据地出发，向鰡隍市西南推进，行至途中再分一路经西洞村，直插鰡隍市红崟山；一路经密坑村向鰡隍推进。7日中午12时，三路部队先后抵达鰡隍市。由于黄金市被攻陷，鰡隍市的敌人已有防备。在围攻时，与敌人激战半小时，然后敌人边打边向市内溃退，最后分散在街市内潜伏起来。丰顺革命军占领了制高点红崟山之后，很快占据了鰡隍球山中学，然后分头进入街道搜索敌人，收缴枪支。这次战斗，俘敌10人，收缴敌人长、短枪20多支，镇压土豪劣绅郑士成1人。

攻陷鰡隍市时，潜伏在鰡隍市的土豪劣绅林史轩、陈穆臣于7日晚，星夜由韩江溜往潮州市，找二、四、五区三个区的联防总处主任李介丞（丰顺人，在潮州市经商）求救。李即请驻在潮州市的敌军炮兵营和潮安县警兵300余人，由李介丞引路，当晚乘电船至鰡隍的葛布村登陆。第二天，敌人分两路突然反击，由于丰顺革命军没有防备，敌人一直前进到距鰡隍市半里的大岭崟山脚，才被发觉。结果二区区委负责人刘锦江被捕杀，红军陈林池和赤卫队陈海初等4人在战斗中不幸牺牲。

审时度势，总指挥部采取果断措施，迅速撤出鰡隍市。然后兵分两路，一路奔向黄礤革命根据地，在丰潮揭边界打游击；一路奔向九龙嶂，在丰梅边界打游击。奔向黄礤这支队伍，了解到潮州驻的炮兵营和潮安县警兵已到丰顺鰡隍市，即由刘春和丰顺独立团代理团长曾毅生带领，出击潮安攻打田东圩（丰潮交界处），经过一场激战，敌人被打得不能招架，有10名士兵投降，并缴敌长、短枪14支。当回黄礤革命根据地休整时，敌人为了报复，妄想歼灭丰顺革命主力军，于15日纠集炮兵营和潮安警兵由鰡隍市分两路向东江特委、丰顺县委所在地的黄礤进攻。另一方面，驻在西南片汤坑的敌军叶团第二营，也改变了"围剿"八乡

第二章 土地革命战争时期革命根据地的创建

山的计划，将兵力东调，赶来"围剿"黄礤。中共党、政、军负责人，考虑到在黄礤作战有很多有利条件，即动员驻在黄礤的红军、赤卫队和革命群众1 000多人，在敌人走得精疲力竭，还没有站稳脚跟的时候，即与敌人决战。首先占领了制高点宝耳山，乘敌立足未稳，与敌激战至深夜。把敌人团团围住。晚上，利用熟悉地形的有利条件，组成一支16人的驳壳队，分两个小队进入敌人营地，打得敌人晕头转向，胆战心寒，毙敌军1名连长。最后，敌人乘虚仓皇突围逃走，丰顺革命军取得了反"围剿"的胜利。

第二暴动区，除了没有攻打县城之外，各乡同时暴动。当时暴动的点有下汤、马图、上林、建桥、叶畲和丰梅交界的银窟等地方。

7日晚，以布心赤卫队为主力，集中赤卫队和革命群众1 000多人，于8日早上，围攻下汤百美警卫队住所和反动派住房。是役，缴获敌枪20余支，当场擒获警卫队长和反动头子9人，其中彭福然等7人被驳壳队押到浊水坑处决。同时开仓分粮。接着围攻双溪警卫队，经过两小时激战，当场把警卫队长张声击毙。10日，敌军一部向下汤反攻，丰顺赤卫队和少年先锋队90余人，即与敌军激战，打得敌人胆战心寒，向黄金方向逃走。

在马图乡，红军派两名驳壳队员，带领当地赤卫队和革命群众数百人，白天围攻治安会和警卫队，全歼了敌人。生擒乡治安会主席，就地镇压；生擒警卫队1名教训员，当场打死1名警卫队长，缴敌长枪10余支。

上林坑革命群众听到全县暴动的消息，自发起来围攻乡治安会和警卫队。红军第十团知道后，派红军战士参加作战。是役，活捉乡治安会主席朱介之等7人，警卫队长朱华和队员2人，并就地镇压了反动头子朱华，缴获敌枪10余支。

建桥是第二暴动区的重点，但没有执行原定作战计划，延缓一天才向建桥的敌人进攻。当8日要攻打建桥警卫队时，指挥员意见不一致，误了最佳时机。虽然捕获了反动派10余人，缴获枪支10余支，但建桥的警卫队长已先逃跑，逃到县城引来敌军救援。当正在建桥开群众大会时，即被县城敌军和警卫队反扑，不得不退到萍子塘岗山上，与敌激战3小时。最后双方各自退回原地。此次激战毙敌4人，丰顺暴动队伍牺牲1人，伤2人。

叶畲的革命群众接到总指挥关于丰顺暴动的命令之后，该地附近的革命群众即在6日晚，手拿镰刀和锄头，围攻乡治安会，枪决治安会头目1人，收缴敌人分散的枪支80余支。

接近梅县的马图乡的赤卫队，在红军的配合下，还到梅县的银窟等4个地方举行暴动，缴获各种枪支90余支。特别是打下最反动的银窟这个点，缴获了敌人洋枪20余支，土枪10余支。暴动震动了邻县。

第三暴动区的汤坑，原来敌军叶团第二营，结合汤坑新成立的反动组织和县公所的1个常备队、3个中队、4个后备队，已由河西进兵再次"围剿"八乡山。驻八乡山的红军七团，在古大存领导下，配合三区农会会员和赤卫队，在八乡山的伯公坳等主要山道，网藤垒石，大摆石头阵，防备敌人"进剿"。由于第一暴动区的二、四区和第二暴动区的一区进行全面暴动，打乱了敌人进行第二次"围剿"八乡山革命根据地的计划和行动，迫使叶团二营退出河西，调往隘隍及黄礤。汤坑的反动组织和县公所，闻知黄金市、隘隍市被攻陷，即从河西撤退，大本营由汤坑市的后营角转移到有寨墙的柯屋寨内吴家祠驻扎防守。因此，三区农会和八乡山红军由防御转入进攻，于9日打退了张寿忠率领从五华进犯八乡山的警卫队，致敌人死伤6人，缴枪20余支，进一步巩固了八乡山革命根据地。

第四暴动区主要是积极配合第一暴动区作战，取得了重大胜利。这次暴动结果，攻陷国民党2个区公所，13个乡公所，毙敌11人，俘敌174人，缴敌人枪支341支。各乡反动首要已伏诛，反动武装已瓦解，反动政权根本动摇，加之各县的配合暴动，使少数敌军不敢盲动"进剿"苏区。敌人只龟缩在县城、陷隍、汤坑等圩市。随着战线扩大，农村斗争形势大好，已由抗租斗争进入没收分配土地的斗争，推翻豪绅地主政权，建起区乡苏维埃政权。这次暴动，对"围剿"八乡山的敌人，造成反包围的战局，有力地牵制了向八乡山"进剿"之敌。八乡山革命武装力量日益强大，赤卫队发展到4 000多人，有长、短枪900多支。

正如东江特委向省委报告中指出："丰顺暴动的结果，领导暴动群众转变到游击战争的道路去。丰顺暴动，在东江革命的形势复兴开展过程中，将有它伟大的意义。它是东江群众斗争中一声有力的号炮，它突破了反动统治多年来的白色恐怖的铁网，它提高了东江群众不少的斗争勇气。……造成广大的赤色区域。四十六团的红军，也在此时成立，成为群众斗争的一种动力。"自此，梅丰的红军十团和丰顺的赤卫队，编入红军四十六团（后属红十一军领导），在八乡山、九龙嶂、铜鼓嶂建立革命根据地，开展游击战争。

四、九龙嶂革命根据地的历史地位和影响

九龙嶂革命根据地是较早建立武装反抗国民党反动派的地区之一。1927年10月，在中国共产党梅南支部郑天保、胡一声的组织下，建立了广东工农革命军东路第十团，以九龙嶂为中心，与国民党反动派展开了艰苦卓绝的斗争，工农革命军和后来的红十一军以九龙嶂根据地为中心，辐射整个梅州和周边地区，使梅州与中央苏区连成一片，有力地支持了中国革命向前发展。

中国工农红军第四军（简称红四军）挺进东江进入梅州的重大军事行动，扩大了党和红军的影响，推动了九龙嶂根据地的发展壮大。在东江特委的具体布置下，根据地域内各项工作充满活力。各级党组织动员革命群众，发展了一批共产党员和游击队组织。随着九龙嶂根据地的巩固扩大，促进了域内各级苏维埃政权建立，壮大了革命武装力量，密切了与闽西、赣南苏区的联系，这对于中央苏区的发展和巩固起到了重要作用。

在东江工农红军基础上建立的红十一军，是广东省革命战争最重要的武装力量，也是捍卫中央苏区的最重要的武装力量。红十一军及之后的武装力量以八乡山、九龙嶂为中心，在梅州全境牵制打击了陈济棠的大部分兵力，为中央苏区反"围剿"浴血奋战和活跃在梅州苏区的几条红色交通线提供了有力的保护和支撑，确保了红色交通线的安全，为中央苏区源源不断输送重要物资和大批干部。

九龙嶂革命根据地，被誉为粤东的"小井冈山"。丰顺县丰良镇九龙村，是九龙嶂革命根据地重要核心地区之一，村辖内的柑子窝、割肚帐等多个自然小村，都是当年革命武装的红色据点。革命转入低潮后，国民党反动派对当地人民群众进行了残酷的镇压报复。但人民群众没有被吓到，而是一往无前，革命到底，他们为根据地的建设，为劳苦大众的翻身解放作出了巨大的牺牲和贡献。

第二节 赤帜飘扬八乡山

一、八乡山革命根据地的形成和开展的革命斗争

1928年春，中共东江特委在领导军民进行保卫海陆丰革命根据地和扩大武装割据区域的同时，在东江地区西北部开辟了八乡山革命根据地。

八乡山革命根据地包括丰顺、五华、揭阳（含今揭西县）三县边界，初创时期延及九龙嶂一带，其中心区域是八乡山。八乡山横跨丰顺、五华、揭阳三县，北连丰顺、梅县边境的九龙嶂、铜鼓嶂；西连小北山，与海丰、陆丰、紫金三县的山区相接；东经揭阳、潮安边境，与潮安、饶平边境的凤凰山连界，便于与各县联系。还可北上平远、寻乌，与闽西根据地连成一片，大有回旋余地。八乡山地形优越，面积130多平方千米，群山环抱，上八乡和下八乡共有8个散落的盆地山村（贵人、小溪、大竹园、滩下、龙岭、尖山、高车、蟾蜍田）和20多个林壑村寨，山高林密，溪水纵横，道路崎岖，关隘险要，便于攻守和开展游击战争。周边的汤西大罗、青潭、火滩、岳潭、剪竹洞、桐梓洋等地与八乡山山水相连。这里的农民深受地主豪绅的压榨，生活极为贫苦，阶级矛盾十分尖锐。在大革命时期，共产党领导丰顺、五华、揭阳县农民组织过农民协会，建立农民自卫军，开展反对地主豪绅的斗争，进行过多次武装暴动，组建有工农革命军独立团队，开展革命斗争有着较好的自然条件和群众基础。

1928年初，国民党军队一个师进入五华县，分数路围攻安流、梅林，施行疯狂的烧杀，革命势力遭受严重摧残。当时的中共五华县委主要负责人惧敌动摇，错误地裁减农军，形势迅速逆变，革命武装队伍很难在原地坚持下去。在这种情况下，古大存率领农军一个中队和不愿遣散的30多名干部艰苦奋斗3个多月，在八乡山周围的揭阳、潮安、丰顺边境活动，一方面开展秘密的革命工作，发动群众，另一方面进行调查研究，寻找新的革命据点。几经转折，最后于5月间，带着60余人离开五华到八乡山。同来的有40多名军事干部，其中有30名党员。从此，古大存率领这批干部和农军，为开辟八乡山革命根据地进行了一系列的艰苦工作。

恢复和发展共产党组织 古大存率队到八乡山后，把古宜权、古公鲁、李斌、陈庆孙等30名共产党员组织起来，成立中共八乡山支部，古大存被选为支部书记，具体领导八乡山革命根据地的创建工作。

党支部把党员分散到各地调查了解党团组织情况，做深入细致的教育发动工作，吸收积极勇敢的工农分子入党入团，工作进展很快，党团组织得到迅速恢复和发展。1928年5月，以黎凤翔为书记的中共丰顺临时县委在九龙嶂成立。1929年1月，正式成立中共丰顺县委，黎凤翔任县委书记，县委加强了对各区工作的指导。1928年7月，五华县恢复了一批党支部和区委。8月，成立了以古大存为书记的中共五华临时县委和共青团临时县委。1929年2月中旬，五华全县已有150多个党支部，470多名党员，600多名团员。揭阳县的党组织也相继恢复，至1928年5月，全县有党员112人。共产党组织的恢复和发展，加强了创建和发展根据地的领导核心。

组织"贫农自救会" 大革命失败后，白色恐怖严重，五华、丰顺、揭阳县的许多农民协会被解散，农会积极分子遭迫害。在这种情况下，八乡山的党组织认为不宜马上公开号召农民组织农会，决定以贫雇农为核心组织秘密"贫农自救会"，号召农民群众，为求生存而团结斗争。

当时，八乡山敌情严重，敌人常搜山捕人。古大存等以打石、烧炭等职业为掩护，分散活动。他们先以八乡山苦竹溜为立足点，随后留下古清海等人在八乡山继续活动。古大存、李斌、古宜权等10多人，化名在揭阳县观音山和五房山、丰顺县茶背的崇下村等地，以做长工为掩护，与农民、打石工人联系，做艰苦细致的思想发动工作，把他们组织起来。经过两三个月的艰苦工作，串联了27名贫苦农民积极分子，首先在苦竹溜烧炭寮建立第一个贫农自救会小组，然后扩大到各个乡村，入自救会的农民遍及各个山村；并与在五房山坚持斗争的中共揭阳县委负责人卢笃茂、潮安县白水区委负责人张义廉建立了联系，在丰顺、揭阳与潮安30多个乡村建立了活动据点，武装行动和党支部活动都可以在这些地区内安全进行。至1929年2月，"贫农自救会已有4 000人"。

八乡山普遍建立贫农自救会后，有组织的革命力量大大增强。从6月份开始，在马屋山、小溪等地成立了农民协会，接着，中共五华县委在贵人村成立第九区农民协会，革命活动从秘密转向公开。

发展武装革命力量　中共八乡山支部在开始组织贫农自救会的同时，积极发展革命武装力量。1928年6月，中共丰顺临时县委在各乡组织赤卫队。1929年1月编成教导队。8月初，中共五华临时县委决定，"所有勇敢的工农分子应即组织赤卫队"，"每区成立一团队"。从此，在八乡山周围各地普遍建立了赤卫队以及运输队、救护队、儿童团等组织。

以八乡山为革命大本营出击敌人　中共八乡山支部站稳脚

跟后，以八乡山为革命大本营，一方面扫除山区内的地主豪绅势力，另一方面派出精干的武装力量出击周围的敌人。由古宜权、古公鲁等组成的"赤卫便衣队"，多次潜回五华国民党统治的地区勇敢机智地打击地主豪绅，伏击国民党军官和称霸乡间的反动分子，使敌人惶恐不安，给广大农民以很大鼓舞。

二、东江特委机关迁入丰顺

中共东江特别委员会，是1927年4月下旬在海丰正式成立的，由彭湃担任书记。东江特委的成立，是中国共产党组织在东江地区新发展的标志，它是开创和坚持东江革命根据地斗争的领导核心。在东江土地革命斗争历史发展过程中，形势不断变化。根据省委指示，1928年6月，潮梅特委与东江特委合并，组成了新的东江特委（即包括惠、潮、梅整个粤东在内的大东江）。从此，丰顺县委也归属东江特委领导。

东江特委机关迁入丰顺 1928年9月前后，东江特委机关两次遭敌突袭。在后一次即是1928年9月底遭敌人袭击时，东江特委委员郑志云等牺牲，彭湃等领导人冲出重围后，转移到香港，东江特委机关便秘密迁到潮安县境。由于条件的限制和敌人的搜捕，使机关难于充分开展活动。这个时候，八乡山、铜鼓嶂、九龙嶂三块赤色区域已经连成一片，不仅为邻县的革命活动提供了回旋的余地，同时也为东江特委领导机关准备了新的指挥基地。1929年1月，东江特委在书记林道文和委员林国英等率领下，把机关从潮安秘密转移到丰顺释迦崠的西山南寮和黄礤一带。东江特委受到了丰顺县委的热烈欢迎和热情接待。东江特委印刷处和县委一起办公，丰顺第二区委发动群众筹款筹粮，保障东江特委的给养。县委还组织一个教导连驻扎在黄礤，做好东江特委的保卫工作。东江特委搬至丰顺后，很重视丰顺县委的工作，派丰顺县委常委、独立第十四团的团长邹玉山,政委彭化民于2月15日赴香港,参加省委在香港举办的军事训练班和学习中共"六大"会议精神。他们回来后,东江特委和丰顺县委联合于3月21日至4月6日在磘隍黄礤举办了训练班,参加集训的有9县委会负责同志和团县委负责人30人。在东江特委的直接领导和丰顺县委帮助下,在揭阳东北部的五房、坪上一带,潮安西北部的居西溜一带,丰顺东南部的黄礤、东联一带,以释迦崆为中心,建立起潮梅第二个游击区域。

东江特委在丰顺茶背西山重建特委机关,使东江土地革命运动的中心逐渐向八乡山转移,这对于加强东江地区革命斗争的领导有着重大的意义。东江特委迁至丰顺西山,与机关设在黄礤的丰顺县新县委毗邻,县委与东江特委关系很密切,正如当时的《丰顺县委给省委的报告》中讲的"一切关于丰党实际情形和工作状况东江特委都很明白"。因此,丰顺各项工作也能得到东江特委及时的指示。在东江特委领导下,丰顺和全东江的土地革命斗争很快复兴和发展起来。

东江党代会在黄礤召开 早在1928年6月间,中共广东省委指示:"东江特委潮委合并改组为东委"时,就要求"东委即须定期召集东江(包括潮梅)各县党代表大会……"以后省委对"东江代表大会"的工作曾作过多次指示。可是,后来东江特委机关屡遭敌人突袭,书记彭湃也离开了东江。当时东江形势十分险恶,接任东江特委书记的梁大慈(梁干乔),在冯菊坡被捕时惊慌出走,驻在潮安城里的东江特委领导机关处于解体状态,使召集东江党代表大会失去了现实可能性。1929年上半年,东江地区革命运动走向复兴,随着斗争形势的迅速发展,东江特委决定召开东江党代表大会,以进一步贯彻党的六大和省委二次扩大会精神,掀起东江革命的新高潮。东江特委为此向省委作了报告,省委同意迅速召开东江党的代表大会。东江特委根据广东省委的指示，经过充分的准备，于1929年6月18日至7月初在丰顺黄礤，召开了东江党代表大会，出席大会的有11个县和东江特委、东江团委代表23人，共青团广东省委巡视员以及各县党的积极分子、青年团负责人30多人也参加了大会。大会主要内容是：（1）分析了当前革命形势。大会指出，"东江革命在严重的白色恐怖之下，不断的艰难困苦的奋斗，在东江军阀战争时期及丰顺暴动的爆发时期中，亦很明显的活跃"。（2）总结了过去斗争的经验教训，部署了今后各方面的工作。对党的建设、职工运动、农村工作、军事工作、青年团问题、经济问题和济难会工作等问题进行讨论，并通过了相关的决议。（3）选举了新的中共东江特委。卢济为东江特委书记，杜式哲为副书记，古大存为东江特委审查委员会书记（9月初，又任东江特委常委兼军委书记）。

红四十六团的成立 丰顺自1929年4月暴动之后到东江党代会召开，一直没有停止游击战争的武装活动。东江党代会认为"东江农村的斗争，动辄走上武装冲突的局面，武装的组织与准备成为必要"。大会指出，应不断进行赤卫队及红军的组织、训练和武装之搜集。因此，会后即成立了东江工农武装总指挥部，古大存任总指挥。这时，五华、丰顺、兴宁、梅县和大埔的工农革命军和农民武装已发展到300多人。古大存即将这些武装编为东江红军第四十六团，团长李明光，政委丘宗海，参谋长杨崇哲。10月，正式成立了东江红军总指挥部，机关设在梅埔丰边梅南的顺里。红军四十六团在东江红军总指挥部直接指挥下，坚持在八乡山、九龙嶂、铜鼓嶂等革命根据地斗争，对丰顺县属革命根据地的巩固和发展，作出了很大的贡献。

三、八乡山第一仗

1929年4月1日，丰顺、揭阳、五华三县的国民党地方保安队、警卫队伙同国民党军毛维寿师共1 000多人从丰顺汤坑，五华水寨、布尾，兴宁水口，揭阳良田兵分五路，"围剿"中共领导的八乡山农民武装。古大存得知情报后，在小溪村石涧坑召开紧急会议，根据敌强我弱的实际情况，采取集中优势兵力，各个击破和打伏击的战术，决定先打汤坑方向来的黄夺标区保安队和陈文华连两路。同时，派出人员分头到小溪、马屋山村等组织赤卫队80多人编成短枪队、田刀队，尖串队由古清海、李斌、古宜权（一说古松柏）带领，潜伏在小溪村膝头岽、油罗岽、大扁岽，丰顺县第三区队和北斗赤卫队埋伏在伯公凹南山垭（蓝山垭），等待敌方进入到埋伏圈时，以击鼓为号，分头合击。

4月2日晚，黄夺标率领陈文华连和徐历望保安队200余人，分两路进犯八乡。陈文华连从河西直入南溪越过伯公凹，黄夺标亲自带徐历望保安队从汤西大罗村翻越田子山高磜头，两路兵以钳形"围剿"八乡山小溪村。3日中午，两路队伍进入小溪村大寨会合，见村中无人，便掠杀鸡鸭，牵牛扛猪。

正当保安队狼吞虎咽吃饭的时候，古大存的伏击队伍猛然出击，霎时，四处响起枪声，打得保安队措手不及。黄夺标的队伍见四处有埋伏，便乱阵逃跑，溃不成军。逃到伯公凹又遭伏击，黄夺标左腿中弹，钻进梯子溜路旁茅草丛，爬行逃命，爬到几十米的大坑糟石洞。赤卫队员沿着血迹追寻，黄夺标开枪顽抗，被赤卫队集中火力当场击毙。从他身上缴获"白琅琳"曲尺1把，私章1枚。

陈文华、徐历望带着残部慌忙逃窜到南溪磜下肚已走不动了，先后在何屋寨、黄保社、黄泥岭石坝圩吹号投降，赤卫队在枪声中只顾追杀，听不到号音，追击到彭城近黄昏才收兵。

五华水寨的第三路国民党张少奇警卫队450多人，从十字路、大竹园、粗石坑经冰塘入贵人村。古大存和张五在马屋山，张五在空下尾伏击，因当天大雾，双方看不见，国民党部队从走路岗经怪湖塘向梯子溜撤退，在梯子溜被赤卫队生擒1人，缴马1匹。第四路从五华布尾、兴宁水口来犯的江百贞警卫队200多人，到贵人村凹下岗时，见雾大，又听战鼓雷鸣也立即撤退。第五路从揭阳大洋良田来犯的国民党民团，到赤竹坪尖山后，听闻四路人马都被古大存打败，便收兵撤退。这次伏击战击毙国民党官兵20人，打伤28人，缴枪20余支，取得了重大胜利，被称为"八乡山第一仗"。

四、东江苏维埃政府和红十一军成立

在大革命战争时期，八乡山人民在中国共产党的领导下，组织农会，建立农民自卫军，并开展了一系列革命斗争。1930年5月1日至12日，东江特委在八乡山滩下庄屋坪召开了"东江第一次工农兵代表大会"，出席大会的有来自汕头、潮阳、普宁、惠来、揭阳、潮安、澄海、饶平等县市和各红军团184名代表。广州、琼崖、粤北等地区6个市（县）也应邀派代表参加了大会。大会由中共东江特委常委兼军委书记古大存主持，农委负责人陈魁亚作政治报告。中共广东省委派林道文参加大会，并传达了省委和中央军委关于建立东江苏维埃政府和成立中国工农红军第十一军的决定。大会讨论和通过了工农民主专政十大纲领和各种法令，选举产生了东江苏维埃政府执行委员会，选出东江苏维埃政府委员会委员45人，候补委员15人。丰顺代表黎果、黎凤翔2人当选为执行委员，杨立中、刘中天2人当选为候补委员。大会同时选举了15名常务委员，以陈魁亚为委员长，古大存、陈耀潮为副委员长，黎果当选为常务委员。大会宣布正式建立中国工农红军第十一军，古大存为军长，颜汉章为政治委员，严凤仪为参谋长，罗欣然为政治部主任。红十一军下辖东江地区原有红军四十六、四十七、四十八、四十九、五十二团（在寻乌称之为五十团）和一个教导队。军部设有一个军校，由四十六团代管。还有一个独立营200多人，全军官兵约3 000人。东江第一次工农兵代表大会的胜利召开和东江苏维埃政府、红十一军的成立，标志着东江革命根据地的正式形成。

古大存后来在回顾东江革命由复兴而发展到高潮这段斗争历程时，概括了三句话：1928年打下了基础，故1929年出现了大发展，至1930年春达到了高潮。斗争历史表明，丰顺人民在1928年东江革命打基础中，创造了最好的工作，为东江特委领导机关提供了新的比较理想的指挥基地；在1929年东江革命大发展中，爆发了丰顺暴动，成为东江群众斗争一声有力的号炮，提高了东江群众的斗争勇气；在1930年春东江革命高潮中，推波助澜，为八乡山根据地谱写东江革命史上的光辉篇章作出了重要的贡献。

1983年4月5日，丰顺县人民政府把东江工农兵第一次代表大会会址列为丰顺县第一批重点文物保护单位，被县委、县政府确定为爱国主义教育基地。1984年11月，由省政府拨款，丰顺县人民政府在遗址上端兴建了东江苏维埃政府暨红十一军的纪念馆，建筑为二层钢筋水泥框架楼房，占地面积450平方米。1992年8月11日，被广东省人民政府定为省级重点文物保护单位。2010年前后对此建筑进行了维修。

五、伏击反动县长

1934年，广东军阀陈济棠派出张瑞贵师和邓龙光师，不断向大南山革命根据地进行"围剿"，妄图扑灭东江地区的红军。

为了牵制敌人兵力，减轻大南山根据地的压力，东江红军第一路军总指挥古大存，率领一支12人的骨干队伍，从大南山来到丰顺县、八乡山、桐梓洋、梅县的九龙嶂一带活动。他们到处张贴布告，散发传单，揭露国民党反动派烧杀抢掠的滔天罪行，发动和组织人民群众起来同反动派进行斗争。

早在1933年，国民党东区绥靖公署曾拨款7 000元，改筑丰（丰良）汤（汤坑）公路，以便随时可以由汕头、丰良和兴宁运兵来"围剿"革命根据地。1933年9月，陈济棠派了一个他认为"剿共"得力的团长林彬到丰顺县任县长。林彬这个县太爷上任后，就口口声声要为丰顺县"除暴安良"。他按人口征工，到处拉夫筑路，又以归还东区绥靖公署的7 000元为借口，催粮摊款，给全县摊派了26万元，乘机大饱私囊，搞得丰顺县的老百姓怨声载道。

林彬为了配合"剿共"需要，加紧改筑公路，向其主子请功。1934年春，当公路筑到兵营山的南哈龙岗的时候，他每天都要从丰良（当时县政府所在地）出来巡视工程，加强督促。

兵营山和桐梓洋、九龙嶂一脉相连，地势险要。这是古大存以前活动过的地方，颇有群众基础。当公路筑到兵营山时，古大存就派了黎果等几位当地的同志，深入群众了解情况，掌握了林彬的行动规律，古大存决定伏击反动县长，打乱敌人的"剿共"部署。

5月30日午夜，古大存派出黎果、黎当、陈华等12名游击队员，打扮成农民，从根据地出发，翻山越岭，绕过韩山，于31日清晨，到了南蛤龙岗，在荆棘丛中埋伏下来。

日上三竿，被迫筑路的民工陆续来到了工地，但未见反动县长林彬到来。九点多钟，一辆汽车从丰良向南哈龙岗的山脚开来，车到大径口，便戛然停住。埋伏在荆棘丛中的12位游击队员，见是反动县长林彬，真是满腔怒火。

伏击队的战士想起这几年来，不少村庄被国民党反动派烧光，许多革命同志和人民群众被国民党反动派杀害，恨不得一枪就击毙这个刽子手，为人民报仇雪恨。

只见林彬这个家伙带着一大帮随从，大摇大摆地走下汽车。一个个包工头和监工，都上前点头哈腰地请安。林彬手执手杖，指指画画，几个随从人员前呼后拥，一派县太爷的架势，好不威风。

埋伏在之字形的新公路顶端的8位游击队员，居高临下，把这些都看得一清二楚。当林彬这一群人，一弯拐上一弯，走得愈来愈近了，12位同志早已把枪口对准林彬，暗暗测算着敌人的距离，当林彬走到近20米左右时，只听得一声令下：打！"砰！砰！砰！"一阵猛烈的枪声响起，林彬顿时遍体开花，倒在地上。两名马弁，也跟着林彬去见阎王。一些平时为虎作伥，作威作福的警卫队员和监工，这时恰似惊弓之鸟，连滚带爬地逃命去了。

正在懒洋洋地修路的民工们，初闻枪声，慌乱了一阵，等到确认是游击队员击毙了反动县长时，大家就欢天喜地离开工地各自回家了。

反动县长丧了命，县城里的反动派要开追悼会，国民党县政府强迫各乡都要派人参加，并且要送挽联。璜溪乡的反动乡长，对死了县太爷这样的大人物，不知挽联该怎样写才好，就请了一位老先生前来商量，并请他书写。那位老先生巧妙地提出，县长生前最喜欢讲"除暴安良"这句话，挽联就写"除暴安良"这四个大字吧。反动乡长也觉得有理，就照写了。追悼会上，这四个大字把所有的人都弄得啼笑皆非。大家面面相觑，谁也不敢作声。此情此景，这四个字"除暴安良"再合适不过了。

因为红军张贴的处决反动县长林彬的布告上，署名是"东江红军第一路总指挥古大存"，敌人以为古大存又升了"官"，兵力更加雄厚，更难对付了。于是，反动政府到处告急，要求援兵，弄得"围剿"大南山苏区的张瑞贵、邓龙光两人，慌忙赶到丰顺来，要寻找这支红军主力进行决战。可是这时，古大存率领这支小部队，神不知鬼不觉地兜了一个圈子，胜利地转回大南山根据地了。敌人的"剿共"部队被拖得筋疲力尽，他们的"围剿"计划又破灭了。

第三节 南昌起义军南下粤东和梅丰埔苏区

一、汤坑战役

汤坑战役，是1927年8月1日南昌起义军南下至广东省揭阳县山湖和丰顺县汤坑交界的揭阳县汾水村后与国民党作战的一次重大战役。

1927年8月1日，在中共前敌委员会书记周恩来和贺龙、叶挺、朱德、刘伯承等领导下的北伐部队，在南昌举行武装起义。它向国民党反动派打响了第一枪，标志着中共领导的中国革命的新阶段——土地革命战争武装夺取政权的开始，从这时起，诞生了中国人民自己的军队。

南昌起义胜利之后，按中央预定计划"迅速先取东江，充实力量，次取广州"重建广东国民革命根据地，再举行第二次北伐。因此，南昌起义军撤离南昌南下后，于9月23日、24日分别占领潮州、汕头。在这之前，前委决定由朱德率第九军教导团和第十一军二十五师留守大埔三河坝。起义军占领潮州、汕头后，前委最后决定再次分兵，周逸群率二十军第三师两个团和政治保卫处警卫团留守潮汕，贺龙、叶挺、刘伯承率二十军第一、二师和十一军第二十四师，还有以彭湃为总指挥的东江工农自卫军总指挥部28人随行，继续西进，向揭阳、丰顺进发，迎击敌人，拟出兴宁、五华，攻取惠州。26日，叶挺、贺龙按西进计划，率部到达揭阳榕城。

26日前，中共丰顺县委按照中共中央关于"决定粤省委即刻以全力在东江接应"，"迅速地在东江组织农民暴动，以策应南昌起义"的指示，一方面在县城策划外攻内应，举行暴动；另一方面已派出地方干部和农民自卫军在隘隆等地配合起义军入境，牵制国民党保安队和警卫队。同时，于25日派梁若尘前往汕头向南昌起义军通报，说明汤坑驻有国民党王俊部队两个团。

27日，驻在榕城学宫的叶、贺总指挥部，接到汤坑的情报后，认为汤坑只有王俊地方部队两个团1 000多个敌人，从揭阳至汤坑途中也只有潮梅警备司令部王俊、何辑伍两个团，因此完全有把握打败敌人，决定按计划西进。总指挥部发出打到汤坑去的命令——"本军誓必歼灭王（俊）、何（辑伍）残部。"

28日凌晨，由叶、贺率领的起义军，兵分两路，一路由榕城出西门过东仓桥，一路由北门浮桥而上，同向丰顺汤坑方向进发。揭阳县成千工农帮助运送粮食、弹药，肩挑船载，水陆并进。还有2 000多名农民自卫军和农会会员随军奔赴战场，协助战勤和外围警戒。驻在揭阳新亨之敌王俊部一个营，闻风丧胆，向汤坑方向逃窜。下午1时，起义军前进至离揭阳县城约2万米的浮山村西的乌柳湾前坡，碰上守敌王俊部的猛烈炮火阻击，起义军即占领有利地形向敌开火，缴获敌人两门迫击炮和一批武器。敌人受重创后，狼狈退至离汤坑5 000多米的汾水村，才喘了一口气驻扎下来。起义军马不停蹄跟踪追击，直追到离汾水村只有1 500米左右的鸿安亭。当晚，前头部队在鸿安亭、潭岭后面小山丘露宿，加强警戒，准备继续战斗。

就在28日，敌薛岳新编第二师、陈济棠的十一师已先后来到汤坑（加上王俊四个团，敌人约有1.5万人），在汤坑铜盘一带，安营扎寨，到处拉丁，在铜盘等山脉修筑战壕，并伸展到汾水，准备和起义军决战。

28日晚三更刚过，敌王俊部队在援军薛岳部队配合下，企图占领鸿安亭和汾水相连的独山竹竿岭（此处扼守着揭丰两县水陆交通要道咽喉，是双方必争的重要阵地），分成几队汹汹而来。起义军有所警备，即吹起冲锋号，迅速向竹竿岭猛攻。双方激战9个小时，反复冲锋，拼命抢攻竹竿岭。29日凌晨，起义军成功占领了竹竿岭阵地。

29日的战场，基本形成品字形。东南片的竹竿岭是起义军占领的主要阵地，在竹竿岭直下至揭阳一带，是起义军的地盘。西片的汾水村和东北片的瞭望崟驻扎着敌人，汾水村连着汤坑的汤南大片平原，瞭望崟是品字形制高点，连着丰揭交界一片大山脉，汾水和瞭望崟以上的汤坑一带，是敌人的地盘。从地形上来说是有利于敌人的。起义军要西进汤坑，势必向敌人猛攻，寸土必争。敌人想消灭这支新生起义军，则寸土必守，在汾水周围开展激烈的决战。在品字形战场中的一个离竹竿岭只有200米的小山丘叫老鼠山，是敌人前沿阵地。敌在瞭望崟炮火掩护下，向起义军反攻，企图夺回竹竿岭。起义军也在竹竿岭炮火掩护下对敌进行反冲击，双方在竹竿岭和老鼠山之间进行激战。打了半天，由于起义军居高临下，又勇敢善战，敌人虽有优势兵力，但战线没有拉开，未能发挥火力作用，最终老鼠山被起义军占领。

占领了老鼠山以后，起义军乘胜前进，兵分两路，一路冲向前边的汾水村，同敌人进行巷战，把敌人赶出村西，迫使敌人向九斗村退却；一路追击老鼠山败退之敌军，冒着敌人猛烈炮火，向瞭望崟进攻。经过组织几次冲锋，起义军成功占领了瞭望崟。此时，敌人后援部队陈济棠部已全部赶到汤坑和汾水，并奔赴第一线，加强了四岭排的防御，同时，由汤南土豪劣绅的反动武装队做向导，在榕江北河上游的汾水河道布防，又从西南片迂回包围汾水村，敌人企图以优势兵力、有利的地形和起义军对抗。

从中午开始至晚上9时，起义军以瞭望岽为前沿阵地，继续向敌人阵地发动进攻，敌人也以四岭排为前沿阵地，向瞭望岽反攻。双方隔着一个不大的山头，从山上打到山下，从山下打到山上，起义军多次冲上敌人阵地，用手榴弹打过去，敌人也多次反攻到起义军阵地，用手榴弹打过来，形成拉锯战。起义军虽兵员比敌人弱，但战斗力比敌人强，贺龙等指挥员都亲临前线指挥战斗，官兵上下一致，团结战斗。在拉锯战中，起义军个个都很勇敢，二十四师营长廖快虎，指挥部队和敌人反复争夺阵地，敌人冲了上来，部队拼光了，仍守在阵地宁死不退，在阵地上与敌人同归于尽。就这样，彼此仍坚守固有阵地，胜负不分。

夜间，起义军才摸清敌有1.5万人，武器精良。面对强攻已失效，便改变战术，组织两个团对敌夜袭，因敌防地极险，并凭河抵抗，未能取胜。

汤坑战役，经过两昼夜奋战，打死打伤敌人4 000人，起义军死伤2 000人，其中牺牲1 250人，二十军牺牲2名团长。由于敌众，有五个师共1.5万人，起义军只有5 000多人（五华、丰顺农民军虽集中在丰顺各地，但被陈、薛部队在各交通要道所拦截，未能参战），且伤亡近半，粮弹不足，以及地形极为不利等原因，起义军总指挥部于30日凌晨，下令向揭阳撤退。敌人慑于起义军的勇威，不敢追击，也撤了。

汤坑战役之后，叶、贺带的部队，于30日拂晓退到揭阳县城，准备由小路退至潮州，与前委、革委首脑机关和在潮州的第三师，在三河坝的第二十五师会合，再退至福建。上午10时，部队进至揭阳玉窖时，闻知潮州遭敌攻陷，起义军即改道集中炮台，经关埠、贵屿，向海陆丰方向撤退。10月3日到达普宁流沙镇，于10月中旬和海陆紫农军会合，成立工农革命军第二师。

汤坑战役虽然失利，丰顺农民武装退回原乡，但是起义军的声威使反动派十分害怕,给丰顺人民的革命斗争带来了鼓舞和力量。当广东工农革命军东路第十团成立后,周边传出汤坑战役失散的南昌起义军到了九龙嶂,使县城的反动派惶恐不安,工农武装也趁势扩大和加强了自己的力量。

二、红四军进驻马图推动了丰顺革命斗争的发展

1929年10月,按照中共中央部署,红四军由闽西向东江梅县地区挺进,开展游击战争,相机打击敌人,帮助东江扩大红军区域,建立革命政权。10月19日,红四军军长朱德、政治部主任陈毅、参谋长朱云卿,率三个纵队6 000余人,由闽西苏区分三路进入梅州大地,进军途中分别歼灭击溃松源、蕉岭、青溪守敌后,于25日下午抵梅县附近。红四军前锋与外围守敌激战一个多小时,攻占了梅县。红四军进城后,当即成立"东江革命委员会",颁布署名毛泽东、朱德、古大存等7人为主席团的《东江革命委员会关于公布执行土地政纲的布告》。朱德军长在孔子庙召开群众大会,宣传红四军政治主张,号召群众武装起来,建立苏维埃政府。大会以后,红四军移师梅南九龙嶂下的耕郑、罗田、顺里、南坑等村宿营。28日大部队转移到马图村。此前,古大存等已经先到梅县见了朱德军长,东江特委和丰顺县委已经部署了迎接工作。朱德军长到达马图村后,军部设在见龙居,军需部、参谋部设在燕翼居。红四军宣传队在各房屋墙上书写"东江革命民众团结起来,扩大赤色区域,实现共产主义"等标语。10月30日,朱德总司令在荷树凹文祠学校召开各纵队司令员、参谋长及东江特委、县委等地方负责同志参加的军事会议,号召东江的同志艰苦奋斗,争取扩大红军队伍,巩固苏维埃政权,扩大革命根据地。

朱德后来率红四军往赣南折回闽西。红四军离开时,留下

梁锡祜、谭汉卿等政治骨干36人、战士120多人，枪支170多支、轻重机枪3挺、迫击炮1门、弹药一批、战马12匹，支援东江红军。东江特委把这批战士编成一个特务连，营以上的干部编入教导团。这些干部很得力，战士作战很勇敢。谭汉卿后来调省委工作。1929年10月底，省委常委、军委书记聂荣臻来东江巡视工作，住茶背西山一月余，发动群众开展保卫秋收斗争。汤坑、河西数千农民与国民党抢粮军警苦战4天，保卫了秋收成果。1929年冬，八乡山、铜鼓嶂、九龙嶂等革命根据地相继成立了区乡苏维埃政府，积极领导农民开展打土豪分田地的斗争。

红四军进入丰顺马图后，革命形势迅速向前发展。1930年春，丰顺的土地革命斗争进入高潮。全县有半数以上乡村开展打土豪分田地斗争，有一半以上的农民分到了土地，区乡苏维埃政权得到进一步巩固和发展。据统计，当时全县5个区及40多个乡建立了苏维埃政府。苏区117个，遍布当时丰顺5个区，最多的是黄金区40个，其次是汤坑（三区）24个，附城（一区）22个，潭江（五区）20个，溜隍（二区）11个。至此，八乡山（东江苏维埃政府）、九龙嶂（县苏维埃政府）、铜鼓嶂（红军十五团，闽粤赣边纵所在地）、凤凰山（饶和埔丰诏工委）等地连成方圆数百里的边区革命根据地。丰顺北部、大埔西北部和梅县东南部已形成梅丰埔苏区，与闽西苏区连成一片。

三、毛泽东等七人布告推动了丰顺土地革命运动

朱德军长和朱云卿参谋长率领红四军进驻丰顺的马图以前，东江特委根据陈毅告知，红四军入粤期间，发布了由毛泽东、朱德、古大存、刘光夏、朱子干、陈魁亚、陈海云7人签署的《东江革命委员会关于公布执行土地政纲的布告》，于1929年10月20日向各县党组织发出紧急通告，及后又发出了一系列的指示，具体

要求各县应配合红四军出击东江的行动。

丰顺县委接到东江特委的指示后,迅速落实组织、军事和后勤等的保障工作。在组织上,除派了一名负责同志参加东江西北七县联合设的办事机关,指挥和做好配合红四军来东江的行动外,由县委委员黎凤翔、杨立中和区、乡苏维埃政府的同志,在马图组织布置迎接工作。马图到处书写着"热烈欢迎红军第四军!""组织起来,打倒贪官污吏、土豪劣绅!""打土豪,分田地"等标语口号。朱德军长到马图后,召开了各纵队负责人及东江负责同志会议。贯彻毛泽东等7人布告,争取迅速建立和扩大红军队伍,巩固苏维埃政权。还在大埔岗召开群众大会宣讲布告,号召东江民众团结起来,打土豪,分田地,扩大赤色区域。

红四军来东江和贯彻《东江革命委员会关于公布执行土地政纲的布告》,对东江特委特别是丰顺县委产生了极大的推动作用。当时东江特委认为,丰顺是东江农村斗争的中心,秋收是丰顺斗争的关键,对此丰顺县委及时作了保卫秋收和开展土地革命运动的斗争。除了派红军和赤卫队发动群众在汤坑河西、黄金嶂背、丰良百蛤塘等地与敌激战之外,还在八乡山开展打土豪、分田地的斗争,改变过去只抗租、抗债,变为成立土地委员会,开展没收分配土地的土地革命运动。从1929年冬至1930年春,全县有5个区苏维埃政府、40个乡苏维埃政府辖下的4万多人分配了土地,使百分之七八十的农民自耕足食。八乡山农民分得土地后,高兴地唱道:"共产党来好主张,土地回家唱一场,田地割到多多谷,唔使担到地主仓,有食有着有春光,幸福莫忘共产党。"

由于丰顺开展土地革命运动搞得较好,得到了东江特委的赞扬和奖励。1930年9月13日至15日连续三天在《红旗日报》刊登了《丰顺苏维埃政权下的实际状况》,其中有一条的小标题是"土地"。

四、梅埔丰地区革命斗争的历史贡献

土地革命时期,在中共广东省委和东江特委领导下,梅县、大埔、丰顺三县人民历尽艰难曲折,在三县交界的九龙嶂、铜鼓嶂为中心的周围地区,开展创建革命根据地的工作。东江特委机关曾设在根据地内,是东江革命根据地重要组成部分。它从1927年10月下旬开始创建至1935年遭受挫折前后,坚持了8年的武装斗争。它的建立和发展有力地打击了当地土豪劣绅和国民党的反动统治,为发展东江革命,为党和人民的革命事业,为支援中央苏区的斗争,作出了重大贡献。

(1)鼓舞了人民的革命斗志。从1927年10月广东工农革命军东路军第十团建立开始至1930年5月1日正式成立红十一军,打了不少胜仗,创建了东江革命根据地。尽管后来先有立三路线后有王明路线的"左倾"冒险主义,使革命力量受到损失,但仍英勇坚持战斗。如1933年11月10日晚,东江红军第二路总指挥卢笃茂,趁驻汤坑的国民党政府军"庆功"演戏之机,率部袭击汤坑区公所,击毙区长祁兰荪和警长、警察多名。1934年,东江特委兼政治保卫局局长古大存,指挥在丰顺北斗桐梓洋活动的游击队伏击并击毙国民党反动县长林彬,威震东江,鼓舞了人民的革命斗志。至1934年,特委决定建立游击总队,中央派周友初任总队长,古大存任政委,东江游击总队又发展至400多人。1934年10月中央苏区红军主力撤退后,仍然坚持艰苦的游击作战。

(2)播下了革命火种,为后来革命斗争建立党的秘密联络站打下了基础。1937年,经中共潮梅特委决定,以汤坑益民西医诊所作为党的秘密联络站,以沟通中共南方工作委员会、潮梅特委和潮汕地委的联系。正式的负责人李碧山、林美南、曾应之、曾广、徐扬及特派员陈敏之、古关贤、曾冰、熊钦海、黄佚侬、方东平等人，常以"看病"为名来联络站联系，秘密开会，传递函件，指导工作；此外还为革命筹集经费，为游击区输送药物等，对革命事业作出了重大贡献。

（3）锻炼了革命队伍，成长了一批卓越领导人。据史料记载，土地革命战争时期曾在丰顺马图地区领导人民开展革命斗争的党组织就有中共东江特委、丰顺县委、丰梅县委。武装部队有红四军及所属一、二、三纵队，红十一军四十六团，广东工农革命军（东路）第十团，地方赤卫队。当年曾在马图从事革命活动、留下战斗足迹的党和国家领导人、元帅、将军和省部级以上老一辈革命家有40人，其中有：朱德、陈毅、林彪、罗荣桓、聂荣臻5位共和国元帅；彭湃、李井泉2位政治局委员；粟裕、罗瑞卿、谭政3位大将；省部级和军级有古柏、林道文、陈魁亚、李明光、曾山、古大存、刘光夏、李坚真、伍晋南、廖经天、李碧山、魏金水、林美南、王维、陈仲平、朱云卿、熊寿祺、萧光、郭化若、张恨秋、伍中豪、蔡协民、萧克、刘型、肖向荣、梁锡祜、刘永生、朱曼平、铁坚、王立朝30人。有厅级57人，县团级94人。此外，还有当年老红军、老赤卫队队员18人。

第四节 老区群众在革命根据地建设中的历史作用

一、对实现革命割据和发展革命武装的巨大支持

丰顺县土地革命时期的革命根据地,主要分布在八乡山、九龙嶂、铜鼓嶂等这些山区地域。那里的地理地形的特点就是山高林深,幅员广大,每处面积都在500平方千米以上。这些地区的生产力低下,群众生活很苦。他们对改变现状,过上较好的日子,都有强烈的愿望和要求。共产党领导的革命工作者在这些地区宣传革命道理和政策主张,很快就得到了群众的接受和认同。这就为共产党首先在这些地方建设队伍、发展武装提供了极好环境条件和社会基础。

根据地内苦大仇深的贫苦农户绝大多数都成了"堡垒户"。县内的九龙、叶华、铜锣湖、南寮、苏坪等800多个大小自然村落,都是共产党人宣传革命思想发展革命力量的广阔天地。在当时交通、信息、物质等条件异常落后的情况下,群众为风餐露宿的共产党人提供了日常生活的基本保证,同时也成了革命工作者的耳目和参谋。革命工作者与"堡垒户"是"三同"生活(同吃、同住、同干活),相称是同志、表哥或表叔,情同手足,亲如一家。

大龙华镇叶华村,是铜鼓嶂根据地腹地的一个小山村,有

200多名村民。村庄与外地"大村"距离10多千米。土地革命时期，村中群众非常欢迎革命同志的到来。丰顺县籍的女红军长征战士李坚真，当年就曾经在这里发动群众开展土地革命。群众发动起来后，丰顺县委决定在该村举行工农兵代表大会，成立革命委员会，以便更深入地开展土地革命。这次会议，大部分筹备工作都在叶华村进行。会议前，参会人员陆续到村，与200多名当地群众参加会前筹备工作，包括大批物资的筹集、会场的布置、住地安排，有条不紊。

毛泽东说过，真正的铜墙铁壁是什么？是群众，是千百万真心实意拥护革命的群众。在土地革命初期，农会、民兵、赤卫队是乡村中的进步的群众组织和革命武装，接受革命思想教育觉悟起来的根据地农民群众，把加入农会和参加民兵、赤卫队看作是一种光荣和职责。有关资料表明，九龙嶂下的马图村，1929年前后，有8成农民加入农会，有120名强壮年参加了赤卫队。

老区群众是开展革命活动的力量之源。1928年2月，中共发动军民举行潘田暴动，建立革命政权。在这次的革命行动中，九龙嶂根据地出动了1 000多农民自卫军协同工农革命军第十团攻打乡公所，获得胜利后，成立了丰顺县第一个乡级苏维埃政权。尔后，工农革命军又围攻县城，根据地又出动了7 000多名民兵和农会会员，带着火药枪、耙头串、铁棍、镰刀等武器上阵参战。这次战斗，虽未攻克县城，但是展现了革命人民的声威，极大地动摇了国民党的反动统治，鼓舞了革命群众紧跟共产党勇敢斗争，夺取胜利的信心。

二、在物质生活上对革命斗争的巨大支援

老区人民真心拥护共产党，拥护土地革命。他们从朴素的感

情出发，认识到共产党就是为贫苦大众求翻身解放，过上好日子的带头人，领路人。所表现出来的，就是爱憎分明，果敢支持、掩护和参与共产党领导的革命斗争。

在丰顺老区地域，发生过很多掩护革命干部脱离险境的动人事迹。这里叙述一例。

1928年春节后，参加南昌起义军三河坝战役的李井泉，从大埔来到了丰顺县铁坑革命根据地，很快就与"堡垒户"赖文朋一家结下了深厚情谊。赖文朋的母亲刘氏、弟弟赖永坪，完全不顾自身危险，全力掩护李井泉开展革命活动。李井泉是外来干部，口音不同于当地，容易暴露身份，所以每当大部敌人进村搜查时，往往要上山躲避。一段时间，敌人在铁坑扎营，天天进村搜捕革命群众。在这情势下，赖文朋和家人就在一处名叫桃子溜的偏僻地方搭建了一个草寮，供李井泉工作和休息。赖文朋则扮装成上山砍柴的模样，每天准时送去饭菜。一天又一天，度过了那危险艰难的岁月。

然而，风云再变。1928年5月，敌警卫队再一次"围剿"铁坑村。幸好李井泉离开了村子，但敌人在赖文朋家中搜出了农会旗、子弹、手榴弹等。结果，赖文朋的父亲赖进祥被捕解押走了。后来，赖家卖掉家产，加上乡亲支持，又卖了"公常田"，凑了600块白银，委托一个"老大"，才把人赎救出来。赖家虽然为革命破了产，但依然无怨无悔。中华人民共和国成立后，李井泉给赖文朋的弟弟来信说："你的一家人对我实在太好了……你们一家人对我的关怀爱护——在危险的环境中的保护，是我永远也不会忘记的。"

老区群众为人民军队，为革命队伍提供了大量的物资保障。1929年10月下旬，朱德任军长、毛泽东任党代表、陈毅任政治部主任的中国工农红军第四军,在丰顺马图驻扎休整,马图村坐落在一处深山盆地,山路崎岖,与外边的村落距离20多千米,步行至少要4个多小时。尽管交通条件恶劣,数千群众在中共东江特委的动员下,照样热情参加了艰难的后勤保障工作。其间,不计其数的大米、甘薯、稻草、蔬菜、咸菜等食物,还有其他药品、草鞋、煤油、纸张等用品,硬靠人挑肩扛,输运到这边远山村。红四军6 000多人,在马图停留了三天两晚,谱写了军爱民、民拥军,军民团结一家亲的历史篇章。

老区人民还在人道方面为革命作出了很多贡献。救死扶伤,出手助难,感人、动人的事件屡见不鲜,不胜枚举。1927年9月,汤坑战役打响,在重创敌人的战斗中,南昌起义军付出了重大牺牲。战后,汤南隆烟农民自卫军冒着生命危险,用木船、担架把在汤坑战役中阵亡的1 250名官兵收埋在竹竿岭山上,并立碑示敬,供后人凭吊。

三、在艰苦斗争中造就的老区精神

1930年秋开始,丰顺的土地革命转入低潮。国民党反动派派重兵多次反复"围剿"八乡山和其他革命根据地,对老区的革命人士和群众进行疯狂报复镇压。

国民党对八乡山、九龙嶂、铜鼓嶂根据地进行长达两年的"围剿"。敌人所到之处,实行烧、杀、抢的"三光政策",捕杀共产党员、赤卫队员,滥杀革命群众。据有关资料统计,当年在马图村,有868间房屋被烧,有308名干部、群众被杀(其中38人被评为烈士),耕牛、生猪、家禽被洗劫一空。大革命时期,马图全村有村民1 400多人,被"围剿"后,全村不足千人。

1931年4月,国民党对八乡山根据地反复"围剿"。其中贵人村被"进剿"摧残了27次，4名干部和34名群众被杀。敌人"进剿"中，烧毁群众房屋673间，抢走耕牛194头。

铜鼓嶂下的铜锣湖7个小山村，有村民800多人，在国民党的"围剿"下，房屋大部分被烧毁，群众被杀害或逃亡，至解放时，全村仅有约200人。

面对敌人的屠刀，丰顺老区人民不但没有被吓到，反而更加增添对国民党反动派的仇恨，更加坚定跟着共产党革命到底，直至取得胜利的信心和决心。

老区人民在为夺取革命胜利斗争中所表现出来的信念坚定、顾全大局、不怕艰难、不怕牺牲、无私奉献、敢于胜利的伟大精神，就是我们今天传承红色基因的重要组成部分，这是永远鼓舞和激励我们不断攻坚克难、走向胜利的强大精神动力，这是我们需要传承发扬的伟大精神。

革命老区群众对中国革命事业的巨大贡献，永远镌刻在党和国家的光辉史册上。

第三章
全民族抗日战争时期的抗日爱国壮举

第一节 抗战时期丰顺县的党组织与抗日救亡运动

一、抗战时期丰顺县的党组织

全民族抗日战争时期,丰顺县党组织在抗日救亡运动中不断发展。"七七"卢沟桥事变后,中共韩江工作委员会派留学日本学生、共产党员冯剑南(汤坑人)回丰顺建立党组织和开展抗日救亡运动。冯剑南回汤坑后,即以钟秀小学为阵地,通过进步教师丘逸群(原名丘峰,磜隍人)、刘郁、冯汉帮等人的串联发动,并秘密发展冯汉帮、徐思舜为共产党员。1938年1月,在汤坑道育小学召开第一次党员会议,成立中共汤坑支部,书记为冯汉帮。

1939年1月,中共磜隍支部于东磜建立,书记为丘逸群。同年7月,汤坑支部改建为丰顺中心区委,书记为李追明,均属潮汕中心县委领导。区委下辖钟秀小学、金汤小学、汤坑中学、东海小学、道育小学、汤坑街道、伯公下、罗家约、彭城、石江、四美乡、铜盘、小溪、田心等支部,共有党员120人。12月,中共闽西南潮梅特委常委李碧山(李班,越南人)前来指导抗日统一战线工作和发展农村党组织。

1940年2月,党的负责人林美南、徐扬、古关贤等从梅县来丰顺,会见了区委书记丘逸群,指示要在八乡山重建革命根据地,开展武装斗争,并把古关贤留在丰顺,协助区委开展工作和建立武装工作队。不久丘逸群离任,古关贤接任区委书记。4月,国民党丰顺县党部掀起反共高潮，强令解散"汤坑青年抗敌同志会"，派人监视"青抗会"负责人的行踪等。8月，古关贤在八乡山小溪和河东伯公下先后举办3期党训班，参加训练的党员和支部书记约50人。

1941年1月1日，中共潮梅特委宣传部部长林美南，在汤坑柯芳松家召开丰顺部分党员的骨干会议，传达潮梅党代会精神，并正式公布成立中共丰顺县工作委员会，古关贤任书记，曾木泉（后王文波）任组织部部长，丘达生任宣传部部长。下辖三个区：汤坑区，徐城任书记、丘飞任组织委员、冯剑三任宣传委员；华丰边区，李一松任书记、江振东任组织委员、张学强任宣传委员；隘隍区，王文波（后余昌辉）任书记、丘海帆任统战委员（未宣布）。县工委成立之际，国民党蒋介石推行消极抗日、积极反共的政策，继续制造反共逆流，那时震惊中外的"皖南事变"发生了。在潮梅交界的闽西也发生了震动远近的"闽西事变"。根据中共潮梅特委的指示，县工委的工作中心是一切为了巩固党的组织，继续贯彻中共中央关于在国民党统治区的"隐蔽精干、长期埋伏、积蓄力量、以待时机"十六字方针。从公开合法斗争为主转入隐蔽斗争，保存和积蓄力量。同时"南委事件"又发生，党组织暂停活动。

1944年冬，中共中央同意潮梅地区党组织全面恢复活动。1945年元宵节后，中共潮梅特委派黄佚侬来丰顺恢复党组织。5月，重建了汤坑区委会，书记为黄佚侬，属潮（潮安）揭（揭阳）丰（丰顺）特派员领导。此前，日本侵略军先后两次侵犯汤坑，并有继续北侵兴梅之势。3月上旬，南委联络员李碧山指示在丰顺八乡山成立中共梅兴丰边县工作委员会。下旬，抗日游击队韩江纵队第五支队在八乡山小溪成立，政委为王立朝、队长古关贤。7月29日，改编为广东人民抗日游击队韩江纵队第三支队,支队队长古关贤、政委曾广。

二、汤坑地区青年抗日救亡同志会的成立

在全民族抗日战争前夕,设在香港的中共南方临时工作委员会,派李平从香港到潮梅地区开展建党工作。他从建立"华南抗日救国义勇军"入手,恢复、发展潮梅地区党组织。1937年3月,中共南方临委批准成立中共韩江工作委员会,李碧山任书记,李平任组织部部长,曾应之任宣传部部长,机关设在汕头市。7月1日,潮梅各救亡团体和群众纷纷游行示威。中共韩江工作委员会根据南方临委指示,派曾应之等以救亡名义争取驻潮汕国民革命军第四军一五五师师长李汉魂支持群众开展抗日救亡运动。8月13日,在汕头市参加"汕头青年救亡同志会"的冯剑南和徐思舜,受该会和中共韩江工作委员会指派,回丰顺建立"汤坑青年抗敌同志会"。

1937年9月6日,在钟秀小学召开第一次会议,参加的有冯剑南、冯汉帮、徐思舜、丘逸群、刘展模、高丽生等各界青年代表28人。由冯剑南主持会议,并宣布成立"汤坑青年救亡同志会"(后改为"汤坑青年抗敌同志会",简称"青抗会")。推举冯剑南、徐思舜、丘逸群、刘展模、徐院池、冯汉帮、冯碧然、陈汉忠、罗立儒为理事会理事(后增补徐柏南、卓玉峰),总理事为徐思舜。会议一致通过青抗会成立大会宣言和组织章程。大会号召:"一切不愿做亡国奴的人们一致抗日,保卫国家。"会址设在汤坑民众图书馆。青抗会是中国共产党秘密领导下公开、合法的抗日救亡团体,直接属汕头青年救亡同志会领导(后属岭东青年抗敌同志会)。

青抗会成立后,会员们如饥似渴地阅读马列主义以及《新华日报》《大公报》《文汇报》和《新生》《永生》《读书生活》

等进步书刊。通过学习，很多会员的阶级觉悟和革命热情有很大提高，都向往延安。当时会员们都知道，全国很多青年志士都云集延安。在延安可以自由自在地认真学习马列主义，可以进入抗日军政大学和陕北公学、鲁艺学校等等。因此，很多人都想到延安去深造。1937年冬，青抗会会员冯碧然率先行动，首先到延安去。去后不久，他就寄回了很多在延安学习的实景相片给青抗会的同志传阅。相片上有延安青年学生野营的情况，延安学生自己开窑洞建宿舍的情况，延安学生学习的紧张情况等。大家都争着看，十分羡慕当时延安青年的学习和生活。1938年夏，青抗会会员（共产党员）高丽生作为丰顺的第二人又到达延安。接着徐道华（徐达）也到了延安。1938年秋，青抗会的骨干徐思舜、丘逸群、刘展模和徐城等4人（均是党员）也向组织申请前往延安，希望组织写介绍信到广州八路军办事处转介绍信到延安。但到揭阳启蒙学校找到中共潮汕特委负责同志李碧山说明来意后，却挨林美南的批评，说到延安是革命，在这里也是革命，为什么一定要到延安去革命？组织不同意，4位同志未能成行。后来这批人都分批分期到由中共潮汕中心县委主办的仿效陕北公学、抗大等抗日学校形式的南侨中学学习，文化程度较高的冯剑南则抽调到南侨二校任训育主任。通过学习，提高了会员们的政治、军事、文化素质，正确引导全体青抗会员，投入抗日救亡运动。

三、隰隍地区的抗日斗争

1938年10月广州沦陷后，汕头成为华南最后一个对外联络、物资补给的口岸，大批进出口物资均由汕头港转运内地和香港。日军于1939年6月6日下达攻占汕头市和潮州城的命令。6月21日凌晨3时30分，日本第二十一军司令安藤利吉指挥由石藤十郎任支队队长的粤东派遣支队，以步兵一三二旅团为主力，日本海军第五舰队司令近藤信竹指挥的40多艘舰艇，43架飞机，1艘飞艇和1支海军陆战队，总兵力共1万人左右，分三路扑向潮汕。庵埠、汕头、潮州相继陷落。丰顺䁖隍靠近潮州，韩江直通䁖隍、潮州，战略地位非常重要。为抗击日军向纵深推进，首先是要建立强有力的党组织，发动和组织人民群众抗击日本侵略者。

在此前后，中共饶丰中心区委和潮揭丰边县委建立。7月，中共汤坑支部改建为丰顺中心区委，由中共潮汕中心县委派李追明任书记。12月，中共闽西潮梅特委常委李碧山来丰顺指导抗日统一战线工作和发展农村党组织。在区委书记丘逸群陪同下，到汤坑和䁖隍了解党支部情况，选择䁖隍为特委机关驻址，并在䁖隍圩镇和东䁖的仙丰村建立地下党的秘密联系站，以开设"丘少华诊所"为掩护开展革命活动。

在丰顺党组织的领导下，继汤坑青抗会成立后，䁖隍区成立了䁖隍青抗会。他们以演戏、演讲、唱歌、读报、出壁报、写标语和上门谈心等形式，积极宣传和组织群众，开展抗日救亡工作。其中以演出短小精悍而生动的街头剧最为吸引人，效果也最好。如他们演出《放下你的鞭子》的街头剧非常打动人，说的是"九一八"以后，一对逃难入关的父女以卖艺为生，女儿饿晕倒地，老父痛诉当亡国奴的悲惨岁月，全场感动，情不自禁高呼"打倒日本帝国主义""把日本鬼子赶出中国去"等口号。很多群众当场捐钱捐物，支援抗日前线。他们所到之处深受欢迎，很多青年争先恐后参加青抗会。

青抗会发动群众支援前线，巩固后方，准备迎击日寇。他们演戏筹款，挨家挨户上门劝募，募集现款及物资支援前线将士，优抚抗属，同时组织巡逻队维护社会治安，防奸肃特，动员群众，帮助救济安置从沦陷区逃出来的难民等。

1939年1月，仙丰村建立的中共隘隍支部，于1940年7月和中共饶凤浮中心支部合并成立中共饶丰中心区委员会，区委设在仙丰村。区委大力开展抗日统一战线工作。当时该村地方实力派人士丘国三，原为仙丰小学挂名校长，后为保长、乡长。地下党组织把他作统战对象，与他交朋友，向他宣传"大敌当前，爱国一家，共同抗日"等道理，使他站在人民一边。在此前后，他以保长、乡长的身份，掩护过中共多名干部。

统战工作还做到了国民党军队中。1939年9月，独九旅中的反共顽固派，为限制抗日进步力量，通知各县市所组织的独九旅战工队员集中集训。中共潮汕中心县委预料到这是反共顽固派的阴谋，于是就通过该旅部队中的进步骨干，使一部分战工队员转移隐蔽，一部分参加集训（约40人）。其余编为军事组和民运组，组织民众开展抗日救亡活动。

第二节 丰顺抗日斗争的历史地位和贡献

一、日军侵略丰顺的罪行

日机疯狂滥炸丰顺 日军飞机从1937年8月31日开始，至1940年止，数十次对丰顺县城（丰良）、汤坑、留隍等地疯狂轰炸。1937年8月31日晨8时，2架日机飞潮汕一带，侦察丰顺丰良、汤坑、留隍等处，投弹数枚。这是日机第一次轰炸潮汕和丰顺。最严重的是1938年8月31日，8架日机轰炸县城丰良，投弹65枚，适逢圩日，炸死无辜平民100多人，炸伤170多人，炸毁商店、民房100多间。同时，还轰炸了汤坑和留隍市。这4年多间，被炸的有汤坑市的汶水桥、汤坑中学、涵碧楼、东二市、关爷前，还有新楼圩和农村的埔寨下陂。县城被炸的有老街、良乡新街、丰顺一中、学宫等。留隍被炸的有留隍街、球山中学和口铺等地。敌机随处滥炸，造成许多人家破人亡，流离失所。

敌机疯狂滥炸，造成丰顺丰良、汤坑、留隍三个重镇，从1938年到1939年，商店关闭，学校停课，居民过着惶惶不安的日子。白天听到警报响，民众慌乱拼命向农村方向跑，晚上听到警报即熄灯不敢声动。为了避免日机轰炸，汤坑的居民都跑到丘屋寨龙颈山的地洞等处躲藏。商店内也开了很多地洞，预防轰炸。钟秀小学为防日机轰炸，搬迁到郊区的镇台上课。汤坑中学1939年被炸后，搬迁到石湖颍川上课，然后又搬迁到郊区的内岭李家祠和陈家祠上课。丰顺一中礼堂和宿舍被炸后，迁至下汤乡，然后又移至环清乡南山寺。球山中学先搬迁到黄金遍砂，然后转到小胜，最后搬到潭江。

两次进犯汤坑　日军第一次侵犯汤坑是在1944年12月10日至15日。当时，盘踞在潮汕的日本军第二十三军田中久一部队，因受同盟国（中、美、苏）军机不断轰炸，导致唯一的海运补给线断绝了。内地又遭封锁，遂发生了严重的粮荒，渐渐不能支持，乃集结大部兵力，纠合伪军陈光辉部万余人，向内地窜扰。一路向揭阳溯榕江趋钟塘攻普宁转南山犯惠来；一路由关埠直窜南山，转潮阳；一路由揭阳入丰顺埔寨；一路由新亨经白石会攻汤坑。国民党驻军一八六师和县、区署，提出"死守猴子崬"，撤退到猴子崬去。汤坑于12月10日陷落。后因占据汤坑之敌，迭遭民众袭击，无法取得进展，于同月16日撤退。

日军第二次侵犯汤坑是1945年1月25日至27日。当时，南洋各地盟军胜利的捷报频传，攻打菲律宾日军的盟军进展神速，日寇为掩护败绩，又发动了全面总攻。潮汕敌寇，亦就策应各方，乘机蠢动。日军来势更凶，循上次途径，进攻普宁棉湖窥五华，一路攻南山惠来潮阳；一路由埔寨迂回坪城，自河西一带包围汤坑；一路由揭阳公路作正面攻击，汤坑遂于1月25日又告陷落。但在汤坑民众自卫队袭击下，驻扎两天，狼狈撤出。

日本侵略军两次侵犯汤坑，所到之处，实行烧杀淫掠，无恶不作。日军在进攻和攻陷汤坑时，龙山中学校长罗尧范在带领学生转移时被打死；汤坑五权乡丘达波在转移时被杀害；汤坑丘屋寨、莲塘、石湖、荒田围、石江、苏姑山、埔河村等多处村寨群众，都有平民在逃避日本兵的途中被枪杀。更惨无人道的是有群众被日本鬼子绞死，并在南市示众。仅有姓名记载被杀害的群众就有30多人。汤坑第一次陷落时，街市店铺的粮、油、糖、豆以及其他物资被日本伪军的"布袋队"洗劫一空，各村的大猪都被宰杀或抢走。国民党粤东粮食调节站储谷10万多斤被抢光。日军还到处放火烧民房，奸淫妇女，拉夫挑运。第一次攻陷汤坑时，要汤坑招待站为其叫民工1000名，站里"老大"寻不出人来，当即抓去10多名"老大"。在寒风刺骨的天气里，民工下溪里缚木排载物资，运往揭阳。很多民工被冻得浑身僵硬，有的甚至被活活冻死。

阻击日军的侵犯 汤坑青年抗敌同志会在共产党的领导下，于1938年6月成立汤坑青年抗敌先锋队100多人，进行军事训练，准备抗击日军的侵略。1938年8月，组织了随军工作队，分别由徐城和徐松带领，配合省保二团，在铜盘、新铺和揭阳的汾水、新寮、玉湖等地公路边警戒，防止日军突袭和检查日伪军汉奸。青抗会还配合国民党驻军和政府，在丰揭公路沿线，发动群众于1939年春在汤坑公路挖陷阱，阻挡日军车辆向汤坑和内地进犯。还组织汤坑青年抗敌同志会除奸小组，在各路口、村前村后设检查站，防止日伪特务、汉奸钻进来刺探情况。1940年1月，一名受日本派遣的汉奸，潜入汤西石江，被发现后接受审问搜查，他身藏有汤坑各地路线图，经验明查实把他押解到汤坑国民党驻军，予以正法。

青抗会抗日救亡的宣传，让军民提高了觉悟，广大民众和部分驻军对日本侵略者非常痛恨。日军两次侵犯汤坑，都遭到汤坑军民的阻击。1944年12月10日晨，日军由揭阳进犯到丰顺交界的九斗山，国民党军队一八六师五五八团和民众自卫队与日寇激战，该团副团长牺牲。上午，日军进攻丰顺汤坑埔河村，国军五五七团第一营和民众自卫队进行阻击，营长严珠甫和4名士兵牺牲。13日，日军向苏姑山进攻，国军和民众自卫队登上山头与日军作战。此役，击毙5名日军。

12月10日，200多名日军进攻埔寨，保安大队和当地群众抗敌自卫武装奋起迎击于坎头山，民众送茶送饭到战场助战。日军见到埔寨民众起来反抗，也心惊胆寒，不敢在埔寨久留，当天退出这次战斗。此战，汤坑军民伤亡18人，击毙日军5名，伤敌11名。一八六师师长张泽深表彰埔寨民众有功，赐给埔寨"特建奇功"牌匾。

二、丰顺各地抗日斗争的历史地位和贡献

1944年7月，中共中央军委给东江纵队和琼崖纵队的电报指出："你们在华南沦陷区组织和发展了敌后抗战的人民军队和民主政权，至今成为人民解放的旗帜，使党在华南的政治影响和作用日益提高，并成为敌后三大战场之一。"这段电文是对华南抗日纵队、华南抗日根据地的历史地位和作用所给予的高度评价。丰顺地区抗日的历史地位和作用，主要表现在以下几个方面：

（一）高高举起抗日斗争的旗帜

由于地理环境的关系，丰顺抗日武装远离八路军、新四军主力，斗争更为艰难、严酷。但丰顺党组织正确执行中共中央、省委、地委的指示，大力发展人民抗日武装，相继建立根据地，打击日军的气焰，阻滞敌人的进攻，不断取得反"扫荡"、反"蚕食"、反"清乡"斗争的胜利。这一系列胜利，在华南人民中产生了很大影响，在华南地区的抗日斗争战场上树立了一面光辉旗帜，使广大人民群众把驱逐日军、收复国土的希望寄托在共产党和人民抗日游击队的身上，并增强了抗战必胜的决心和信心。

（二）敌后抗战的一个重要战场

地处中国南部边陲的广东，先后建立了东江、琼崖、珠江、南路、韩江等抗日游击纵队。这些抗日游击队，统称为华南抗日纵队。由于抗日纵队浴血奋战，破坏敌人的战略部署，牵制敌人的武装力量，建立起星罗密布的抗日根据地和一大批县、区、乡

抗日民主政权，成为当之无愧的"敌后三大战场之一"。它牵制着日本侵略军4个半师团，共8万余人，使之不能南进和北上。丰顺抗日对广东抗日根据地及全国抗日战争，乃至太平洋地区的反法西斯战争都起着重要的作用。

（三）海外统一战线的可靠桥梁

抗战初期，中共中央就根据广东是侨乡、与港澳邻近的这一特殊地理条件，指示广东党组织和海外建立统一战线，争取华侨的支持。丰顺党组织不负重托，在建立统一战线，特别是建立与海外统一战线方面，发挥了重要作用。如丰顺抗日武装在根据地人民的支援配合下，使大批民主人士、文化界人士和国际友人从香港脱险，又有大批旅泰侨亲回国参加抗日，丰顺籍抗日人士丁培伦等赴泰国发动乡贤捐资86万元带回国内支持抗战，旅泰侨胞蔡演威回国参加抗日，还为毛泽东主席开过飞机，受到中共中央的表扬和国内外舆论的赞誉。这对于扩大中国共产党及其领导的抗日武装在各界人民和海外的影响，促进抗日民族统一战线的发展，起了积极的作用。这是活跃在抗日根据地的人民抗日武装作出的又一重大贡献。各根据地对伪军进行的反战宣传、策反活动等也取得很大成绩，使一批伪军弃暗投明。

（四）配合世界反法西斯战争的一个华南基地

太平洋战争爆发后，活跃在抗日根据地的人民抗日武装到处袭击日军的海陆空军基地，切断其交通线，并且深入到敌占地区打击敌人，有力地配合和支持东南亚各国人民的抗战。此外，还积极配合英美盟军的对日作战，建立情报网，并多次营救在空战中遇险的盟军飞行员。由于积极与盟军合作，赢得了很好的国际声誉。

（五）留下的部队在原地坚持斗争，促进了广东的解放

全民族抗日战争胜利后，华南抗日纵队主力根据国共两党达

成的协议,北撤山东。韩江纵队在潮汕特委副书记曾广主持下,召集特委、韩纵负责人林川、古关贤等,在丰顺县小铜盘瀑声学校(特委机关活动点)研究北撤方案,组织48名韩纵骨干北撤。丰顺参加的有胡荣、曾珍。到山东烟台后,扩大为两广纵队。1949年5月,两广纵队南下,胜利完成了在广东战役中担负一翼作战的任务。留下的部队在原地坚持斗争,促进了广东的解放。1949年9月南下大军入粤前,在广东及其毗邻的福建、江西、湖南、广西边区,相继建立了琼崖、粤赣湘边、闽粤赣边、粤中、粤桂湘边、粤桂边区党委或工委,以及6块游击根据地,并成立了中国人民解放军琼崖纵队、两广纵队、粤赣湘边纵队、闽粤赣边纵队、粤桂边纵队、粤中纵队、粤桂湘边纵队,总兵力达8万余人。解放区的人口约1 350万,占全省人口的40%以上。全省90多个县建立了党组织,约三分之一的地区建立了人民政权,如琼崖临时人民政府、东江人民行政委员会、潮梅人民临时行政委员会、北江人民临时行政委员会等。在解放区还广泛建立了农会和民兵组织,在国统区开展了声势浩大的爱国民主运动。这些,都为南下大军迅速解放广东创造了有利条件。

第四章
热血浇筑解放路

第一节 全国解放战争时期丰顺县的党组织和根据地

一、全国解放战争时期中共丰顺县的各级党组织

1946至1949年的解放战争时期是丰顺人民开展武装斗争，夺取政权的时期。1946年6月，蒋介石悍然撕毁停战协定，大举围攻解放区。7月20日中共中央发布《以自卫战争粉碎蒋介石的进攻》的指示，号召全党全解放区军民，团结一致，彻底粉碎蒋介石的进攻。7月下旬，中共潮揭丰边县委在揭阳五房老寮举办区干部学习班，丰顺参加学习的有廖志华、徐岱、巫甫文、冯东明等，主要学习目前形势和如何发动群众开展游击战争。8月，国民党潮汕当局全面布置"清乡"，并加紧征兵、征粮、征税，加强独裁统治。

1947年5月，潮揭丰边县委在汤坑涵碧楼惠隆炭店设情报站，由徐岱、吴毅、徐志3名地下党员负责。6月，潮汕特委根据中共中央香港分局"关于开展武装斗争"的指示，决定由长期隐蔽转为公开武装斗争，在大北山成立潮汕人民抗征队，并旋即开往八乡山硿尾进行集训。潮汕特委改为潮汕地委，曾广任书记兼抗征队政委，刘向东任副书记兼司令员。

8月，中共潮汕地委派陈权在八乡山建立中共潮揭丰边县工委，书记陈权，副书记王文波，组织部部长黄佚侬，宣传部部长丘达生（未到职），委员有廖志华。中共中央香港分局鉴于丰顺县城（丰良）未有党组织，遂派邹长安率朱欣和罗永明回县城发

展党组织。他们回到县城后,分散在良乡中学和丰顺一中以教书为掩护,在粤东地委直接领导下开展党的地下工作。

1948年1月,中共丰顺县工委改为县委,书记为王文波、副书记丘达生,组织部部长黄佚侬,宣传部部长丘逸群,副部长廖志华,军事委员饶辉,原县工委书记陈权上调潮汕地委。县委机关设在小溪。县委成立后,在发动群众开展"反三征"(反征粮、反征税、反征兵)、镇压反革命和实行减租减息的基础上,依靠群众扩大武装力量。

6月,汤坑武工队扩编为潮汕人民抗征队独立第二大队,下设3个中队,大队队长为饶辉,政委由王文波兼任。大队成立后,在各区武工队和民兵配合下,多次出击汤西、汤坑等地联防队,并击退国民党政府军对解放区的不断"进剿"。

在解放战争期间,丰顺边缘地区,先后建立了边区党组织,领导该地区人民为解放事业进行不屈不挠的斗争。

1945年11月,在潮安、揭阳、丰顺边界地区建立中共潮揭丰边县委,属中共潮汕特委领导。县委机关设在揭阳梅北五房,在丰顺县域辖有汤坑区委。

1945年11月,梅县、大埔、丰顺边区建立梅埔丰边工委。1946年4月改为县委,属中共闽粤赣中心县委领导。1948年8月,撤销梅埔边和埔丰边县委,重新成立中共梅埔丰边县委,属中共梅州地委领导。

1948年8月,饶和埔丰县委分设饶和埔、梅埔丰两个县委,属中共韩东地委领导。1949年3月,饶和埔与梅埔丰县委又合并为饶和埔丰县委。

1949年4月,根据韩江地委的决定撤销潮饶丰县委、潮澄饶平原县委,成立潮饶丰边县委,并成立潮饶丰行政委员会。先后属韩东地委、韩江地委、潮汕地委领导。县委机关设凤凰下埔。

是月，由潮饶丰边县委在丰顺东建立陷东区委。

1949年10月，西北部建立丰华兴边县委。其中下辖丰顺境内的八乡山、桐梓洋部分村庄。

1949年11月，成立丰北县委，管辖原由中共梅埔丰县委和梅南县委所辖的丰顺地域，下辖大龙华、砂胜、黄金3个区委。县委实行特派员制，县委机关设在黄金遍沙祥辉楼。

中华人民共和国成立后，按中共广东省委的决定，陷隍和潭江地区的党组织，于1949年11月划归中共丰顺县委领导。丰北县委于1950年3月并入丰顺县委。

二、游击根据地的建立和武装斗争的发展

中共中央于1946年11月6日指示南方各省要趁国民党统治区后方兵力空虚，征兵征粮，民不聊生，群众斗争情绪普遍增高的有利时机，根据不同情况，有步骤地发动与组织农村开展游击战争，建立游击根据地。香港分局根据中共中央的指示于1946年12月27日作出恢复武装斗争的决定，并于1947年春在香港举办各战略区党委负责人参加的训练班，部署华南地区的游击战争。从此，丰顺地区在上级党组织的领导下，游击根据地和武装斗争迅速得到恢复和发展。

潮汕人民抗征队的成立　1947年5月中旬，在香港参加训练班的刘向东，由香港分局任命为中共潮汕地委副书记兼人民武装司令员。6月7日，中共潮汕特委根据中央香港分局关于"动员全党和广大人民积极开展反'三征'运动，重新开展武装斗争"的指示，召集特委武工队和各地党组织派来的人员，14日先汇集于揭阳陈屋寮，16日转往与八乡山交界的天宝堂，由刘向东代表地委宣布成立潮汕人民抗征队。这标志着解放战争时期潮汕地区隐蔽斗争的结束和公开武装斗争的恢复。

潮汕人民抗征队以特委特务队为基础，动员部分分散在揭阳、普宁、潮阳、丰顺等县的游击队员及韩江纵队部分骨干共70多人组成。司令员刘向东，政委曾广。司令部下辖一个大队，大队队长林震（许杰），政委陈彬。大队下辖一个中队，中队队长丘志坚，副队长李扬辛，指导员何绍宽、蔡若明（之后），副指导员李风。

1947年6月中旬，中共潮汕特委在大北山粗坑村（今揭西县京溪镇）召开扩大会议，宣布潮汕特委改为潮汕地委。会议确定以大北山（八乡山为腹地）为中心战略据点。为开创八乡山革命根据地，潮汕地委还建立一个政工队，与武工队配合做发动群众的工作。1947年7月至1948年3月，政工队、武工队、潮汕人民抗征队，在八乡山一带对敌特和反动势力进行扫荡。处决了贵人村、严磜湖、龙岭村、大竹园村的恶霸地主和罪大恶极的反动头子6名，缴获长、短枪10余支，肃清了八乡山的敌顽分子，为创建八乡山游击根据地扫除了障碍，党组织和抗征队在八乡山站稳了脚跟。

汤坑武工队和独二大队的建立　揭丰边县委书记陈权，根据潮汕地委副书记、潮汕人民抗征队司令员刘向东的指示，为了壮大人民武装队伍，巩固扩大八乡山革命根据地，于1947年10月28日在八乡山荷树岭下建立揭丰华边武工队（汤坑武工队）。武工队本部设在八乡山，主要活动在丰顺汤坑周围广大乡村，打击驻守在汤坑的敌人。主要任务有六项：一是配合主力队伍打击敌人；二是搞侦察、情报、肃反；三是收缴敌人和地富的枪弹，武装自己，筹粮筹款解决武工队及支援主力队的给养；四是组织民兵、农会、村政权，动员群众入伍；五是保护群众切身利益；六是宣传全国和本地区革命斗争形势，讲解共产党和抗征队政策。

汤坑武工队在斗争中不断发展壮大。由初建队时的7人，到1948年春节前夕，就发展到30多人。6月，汤坑武工队由中队扩编为大队，番号为潮汕人民抗征队独立二大队。

粤东支队与闽粤赣边区总队的建立　1947年4月下旬，中共闽粤边区工委特派员魏金水，参加香港分局干部训练班后回到大埔七里溪，召开闽粤边区工委第二次会议，根据上级党组织的指示，确定了"先粤东、后闽西南，普遍开展游击战"的战略方针。据此，抽调原闽西王涛支队骨干和梅埔地委特务队，于5月中旬集结在大埔县的砂坪成立了闽粤赣边人民解放军粤东支队。支队队长刘永生，政委杨建昌。

1947年6月下旬，为统一指挥边区的武装力量，更有效地开展游击战争，以配合人民解放军正面战场作战，担负起创建闽粤赣边解放区的任务，边区工委决定，建立中国人民解放军闽粤赣边区总队。并任命刘永生为总队队长，魏金水为政委，朱曼平为副政委。边区总队发布推翻蒋介石反动统治口号，号召边区人民动员起来积极参加和支持革命斗争。接着，中共埔丰、梅埔县委在梅埔丰边先后建立了梅埔边、埔丰边人民游击队，配合粤东支队，首先在梅埔丰边开展游击活动，对丰顺北片的区乡公所进行袭击，对顽敌进行扫荡。

凤凰山东㽖革命根据地的开辟　凤凰山屹立于韩江东岸，南临潮澄饶平原，西渡韩江与五房山、大北山相连。这里山深岭高，地形险要，具有创建游击根据地的优越地理条件。解放战争一开始，潮澄饶丰地区党组织确定以凤凰山为中心，有步骤地进行对凤凰山革命根据地的开展工作，以形成韩江地区的整个游击战争的革命根据地。

凤凰山西北面东㽖地区是中国共产党在广东较早开展武装斗争的重点山区之一。大革命时期，国民革命军东征，在这里留下深广的革命影响。南昌起义的大军进入潮汕,"潮汕七日红"的精神鼓舞着粤东人民。红军第十一军其所属部队,也曾在凤凰山、莲花山、桑浦山建立游击区。全民族抗日战争后期,潮澄饶地区党组织从东陇至凤凰、新丰茂芝、柏嵩等山区,从东里、黄冈、柘林至诏安等沿海地带,建立了党的地下交通线。这里的群众,对共产党和革命武装有着深厚感情,在这地域开辟革命根据地,都得到了各界群众的大力支持和帮助。

三、中国人民解放军闽粤赣边纵队

1949年1月1日,中国人民解放军闽粤赣边纵队在大埔成立,司令员为刘永生,政委为魏金水,下辖5个支队和2个直属团。原潮汕部队编为第二支队,司令员为刘向东,政委为曾广;梅州部队属于第一支队,司令员为郑金旺,政委为廖伟;韩江(韩东)部队属于第四支队,司令员为许杰,政委为黄维礼;丰顺的南片(汤坑片)隶属二支队,北部(丰良片)隶属一支队;东部(陇陲片)隶属四支队。

1月2日,根据潮汕地委的指示,原丰顺抗征队独立第二大队改编为中国人民解放军闽粤赣边纵队第二支队第五团。5月23日,二支队五团与边纵直属二团在边纵二支队副司令员陈彬指挥下,攻打汤坑。23日,驻守汤坑的县联防总队队长陈林锋率部起义。23日晚,涵碧楼的三区联防大队也自动缴械。24日,成立中国人民解放军闽粤赣边纵队第二支队汤坑市军事管制委员会,发布《关于维持社会秩序戒严布告》。24日,边纵副司令员铁坚率领边纵直属一团、二团和二支五团的一、二营,乘胜攻打丰顺县城(今丰良)。26日成立中国人民解放军闽粤赣边纵队第二支队丰顺县军事管制委员会。机关设在原国民党县政府,发布了《城市纪律八大守则》。

中国人民解放军闽粤赣边纵队第二支队第五团，是解放战争时期在闽粤赣边纵队第二支队和中共丰顺县委双重领导下的一支人民军队，以丰顺县八乡山为根据地，主要活动在丰顺县境内大部分地域，以及五华、揭阳、兴宁等毗邻市、县的部分周边地域。其前身是揭丰华边武装工作队，于1947年10月在八乡山荷岭村成立，全队只有7人，仅有短枪3支。至1948年2月，发展为中队，辖两个小队，共60多人，配备长枪30多支，短枪10多支。1948年6月发展为潮汕人民抗征队独立第二大队，辖两个中队共200多人，配备轻机枪1挺、长枪160多支，短枪20多支。1949年1月，在丰顺县汤西大罗村成立为中国人民解放军闽粤赣边纵队第二支队第五团，辖三个营（六个连），共600多人，配备轻机枪3挺，驳壳花机2支，风隆机1挺，长枪450多支，短枪80多支。至此，这支人民武装队伍正式纳入中国人民解放军的战斗序列。在部队活动的区域内，积极配合中共地方组织和政工队，组建普通民兵、基干民兵共1 000多人，建立130多个乡、村农会及妇女会，并且在各地建立起人民政权。第五团及其前身在解放丰顺县全境和配合兄弟部队解放全潮汕中作出了重大贡献，这将永远载入潮梅人民革命斗争的光荣史册。

第二节 粉碎国民党五次"清剿"

一、第一次反"清剿"斗争的胜利

随着人民解放战争进入战略进攻阶段,1947年10月10日,中国人民解放军总部发表宣言,响亮地提出"打倒蒋介石,解放全中国"的口号。蒋介石在正面战场的全面防御已被战略进攻所打破,被迫采取了分区防御的方针,为此,蒋介石政府委派宋子文任广东省主席,宋子文派出少将军官喻英奇于1948年1月1日抵潮安,就任第五区行政督察专员兼保安司令和第五"清剿"区司令。他声称第一期要在3个月内铲平八乡山(大北山)根据地,消灭人民武装队伍,摧毁游击根据地。

1948年3月中旬,喻英奇发动对抗征队根据地大南山的第一次"清剿"。这次"清剿"由第五"清剿"区副司令员兼潮普惠南分区"清剿"指挥所主任林贤察为总指挥,调派潮普惠各县和汕头市的保警和直属"清剿"大队,共10个中队近1 000人的兵力,采取"长驱直入,分进合击"的战术,分六路"进剿"大南山。抗征队第三大队接到情报站和地下党组织提供的敌人进攻情报后,采取集中力量消灭敌一路的打法,于15日在云盖月高地设伏,毙伤汕头市保警大队等部40多人后,于大雾中转移。16日,敌各路军经武工队和民兵袭击、阻击后在锡坑村会合,因怕抗征队袭其后方,相继撤出大南山。

为了配合潮汕人民抗征队第三大队在大南山方面粉碎喻英奇

第一次的"清剿",汤坑武工队与梅北武工队及时灵活机动地做策应配合。3月18日,武工队在汤西高砂村蕉潭凹与敌人打了一场遭遇战。后来弄清楚,这股敌人就是要配合喻英奇"清剿"根据地大南山、配有重轻机枪21挺、迫击炮4门共400人进犯河西和八乡山的王国权部队。这场遭遇战中武工队4人牺牲,4人受伤。武工队毙、伤敌16人。更重要的是,遭遇战打掉了敌人嚣张气焰,打乱了敌人的进军计划。经过英勇艰苦的斗争,至6月间,基本粉碎了敌人第一期的重点进攻。到1948年11月,敌人的"清剿"被粉碎。这次胜利不但鼓舞了军民的士气,同时也巩固和扩大了根据地,使闽粤赣边区成为南方一大块根据地,为边纵的正式成立和转入战略进攻奠定了坚实的基础。

第一次反"清剿"胜利后,随着党组织发展,汤坑武工队扩大为中队,中共丰顺县工委改组为中共丰顺县委员会。

二、第二次反"清剿"斗争的胜利

喻英奇进攻大南山失败后,又把进攻转向八乡山。1948年4月初,在第六"清剿"区保警协同下,以第三"清剿"大队王国权部从揭阳(现揭西)五经富经南山、岸洋到八乡山龙岭下,由保安独立第八营营长曾吉指挥;揭阳保警第二中队从棉湖经青溪到八乡山滩下;五华保警队由双头到八乡山蟾蜍田,共有1 000多人,分三路计划于11日在八乡山戏仔潭会师,妄图歼灭潮汕人民抗征队第一大队和汤坑武工队,捣毁八乡山根据地。

中共潮汕地委抗征队司令部根据敌情、地形和群众等条件作了部署,抗征一大队第一中队由副大队长兼中队长丘志坚率领,驻扎干草湖一带;第二中队由大队长林震和中队长陈珠率领,驻扎戏仔潭一带;第三中队由中队长刘怀率领,驻扎良田一带。县委接到地委和抗征队司令部的情报和作战部署后,召开党、政、军、民有关人员会议，进行贯彻落实。汤坑武工队与何绍宽带领政工队一起发动群众，扩大民兵队伍，做好配合第一大队主力战备工作，决心"消灭入侵之敌，保卫八乡山"。抗征队在汤坑武工队和八乡山、河西民兵的配合下，采用伏击战术打击"进剿"敌军。

4月5日，敌第三"清剿"大队向南山出动。第一中队发现后即占领崩塘的山头，9时与敌展开激战。敌两次冲锋被击退后，派出两股敌人打击第一中队侧后，一股迂回甲溪、大片田，另一股渗透至介子崖。战斗到下午4时，敌再组织冲锋时，王国权被第一中队机枪手黄编一个点射击伤。第一中队乘敌失去指挥之际，侧击敌后，把敌人打垮。是役仗毙、伤敌40多名。第一中队副指导员温武负伤，小队队长吴刘荣和战士蔡光、邓祖素、丘瑞帝及张凤伯5人牺牲。战斗结束后第一中队转移到干草湖待机歼敌。

4月7日，以五华保警队及自卫队150多人，从五华双头进攻八乡山蟾蜍田，即遭中队队长刘怀带领的第三中队的伏击。敌闻伏击枪声，队伍顿时混乱，分成三股缩在山洼里，借助浓雾逃脱。9时雾散，敌企图占领高地，又被击退，敌伤亡10多人。

4月10日，敌独八营营长曾吉率一、三连和独九营一连以及布尾自卫队进至八乡山贵人村，独八营二连和揭阳保警二中队及郭田自卫队进至八乡山大竹园。11日，驻贵人村之敌向戏仔潭推进。11时，当敌人进至滩下时，遭到思茅坪汤坑武工队的阻击，同时又遭到在鸡公企溜的河西民兵从后面伏击。双方展开激战，敌人几次组织冲锋，由于汤坑武工队占领了高山，有利对敌射击，几次都被汤坑武工队击退，无法前进。11日，驻大竹园之敌窜向戏仔潭时，遭大队长林震和陈珠中队队长带领的第二中队截击。部队以有利地形，集中优势火力，给敌以大量杀伤，激战至下午，何绍宽带领的政工队和八乡山民兵也协同截击。两支部队把敌围困两天，这一仗毙伤敌30多名，俘敌7名，缴枪17支。

敌第三"清剿"大队在干草湖遭一中队截击后，于12日经岸洋至戏仔潭援救被第二中队围困的独八营二连和揭阳保警队。13日进至滩下与曾吉部会合。14日，人民武装采用"敌驻我扰，敌疲我打"的游击战术，对滩下之敌连夜进行袭扰，使敌陷入"草木皆兵"的境地，不得不于翌日向思茅坪逃命。敌路过思茅坪时，又遭第一中队配合汤坑武工队和民兵的伏击，毙伤敌21名。

八乡山反"清剿"，包括崩塘战斗在内前后经历10天，共毙、伤、俘敌150多人。武工队的蔡云、高志中和李显南等8人壮烈牺牲，陈珠等6人负伤。武工队采取灵活战术，发挥人民游击战的优势，迫使敌军由战术进攻改为战术防御，由"清剿"变成被包围，由企图歼灭人民武装变成被大量杀伤。喻英奇组织的第二次"清剿"彻底失败。

三、第三次反"清剿"斗争的胜利

喻英奇不甘心一再失败，1948年4月下旬，又发动第三次"清剿"。这次敌人吸取前两次"长驱直入，多路合围"，被人民武装各个击破的教训，采取调集重兵，逐步推进战术，围困大南山、南阳山部队。

丰顺县委根据地委关于避开与敌正面作战，挺进外线出击敌兵力空虚腹地的指示精神，要求汤坑武工队于5月上旬迁回到揭阳卅岭，在南线配合主力第三大队及兄弟部队作战。于11日摧毁桐坑乡公所，击溃揭阳县保警队、白塔联防队。经过几天的战斗，南线部队共毙、伤敌25名，缴获轻机5挺，长、短枪80余支。

北线抗征队一、四大队和粤赣湘紫五中队，联合民主联军张辉部共600余兵力，于5月12、13日，在河婆东心埔截击揭阳保警二大队，与来援的保八营战斗，二次追击进入揭普陆联防办事处驻地河婆镇。尔后北线主力直下揭阳三区，与该区游击队一起开展平原游击战。喻英奇兵力捉襟见肘，割肉补疮，从南阳山前线调来保十一营，企图阻止武工队向丰顺和榕江推进。这正中武工队调虎离山，各个击破的意图。23日，汤坑武工队与北山团一大队在揭丰边控制揭丰公路，在河西民兵配合下，在公路上截获敌军车一部。26日，敌保十一营与揭阳保警队和汤坑联防队等300多名敌兵，企图围攻人民武装。他们从东里下车，直扑石桥头。汤武和河西民兵，在第一中队副大队长丘志坚指挥下，占领白头山，在石桥头与敌展开争夺交通线的激烈战斗，从上午战至傍晚，当夜天下大雨，敌乘机逃命。此役共毙敌13名，俘敌9名，伤敌18名，汤武中队徐练英牺牲，胡思等2人负伤。

当汤坑武工队从揭阳卅岭凯旋之时，县委就策划拔除湖陂联防队。13日晚，汤武第一小队和河西民兵及一个短枪班，从南溪出发，奇袭湖陂联防队。采用特制两架长竹梯，20多名短枪勇士，猫步爬上楼顶，活擒哨兵，然后顺梯而下，冲入室内。没响一枪，擒敌20余名，缴长、短枪23支，手榴弹50枚，子弹1箱。扫除了八乡山和河西通往汤坑的重要交通障碍。人民武装有效控制揭丰边的揭丰交通线。

这次反"清剿"斗争，前后持续1个月，是抗征队挺进敌后、外线平原作战与山地内线作战相结合的成功战例，弄得敌人后院到处冒烟起火，四方告急，逼使进攻大南山、南阳山之敌不得不撤退。敌人的第三次"清剿"又告失败。

根据地委关于筹建潮揭丰人民行政委员会，以统一领导根据地政权的指示，于5月宣布成立潮（潮安）揭（揭阳）丰（丰顺）人民行政委员会。在行委领导下，各地相继成立乡民主政权，减租减息普遍展开，农会与民兵组织蓬勃发展，使广大农民团结在党的周围，成千上万的民兵队伍并肩作战，打败敌人的"清剿"。

四、第四次反"清剿"斗争的胜利

1948年7月,根据香港分局的指示,潮汕人民抗征队伍改编为闽粤赣边纵队潮汕支队,司令员刘向东,政委曾广,政治部主任徐扬。下辖各大队,独立大队、33支武工队,共1 000多人。部队整编后,进行政治教育和军事训练,提高了军政素质。

利用敌人"清剿"的间隙时间,县委和独立大队领导一方面加强政治思想工作,开展诉苦教育活动,县委书记兼政委王文波、大队队长饶辉带头吃野菜,带头和发动全体指战员在大小会上诉阶级苦、民族仇、找苦根、查斗志,订立作战和立功计划。同时,反复进行"三大纪律、八项注意"的教育,通过政治教育和军事训练,使大部分刚放下锄头新扛长枪的"土八路",提高了思想和军事素质。

部队根据潮汕支队司令部关于各部队趁机向山地外围出击,开展平原游击战的指示,全面向平原出击。6月,东山武工中队奔袭大铜盘联防队,逮捕了五权乡副乡长。7月27日,武工队配合抗征队第一大队,攻打埔寨乡公所联防队,虽然没有攻陷,但把这个反动堡垒的反动嚣张气焰压了下去。7月,在东山区委和抗征队第二中队指挥下,由队长徐德率领,乘汤坑圩日,乔装农民挑柴,担炭赶集,在埔头寨赤子树下,智擒无恶不作的联防队队长徐春茂,并攻入联防驻地。8月18日,河西突击中队配合县独二大队,在饶辉和杨龄率领下,从南溪和河西出发,攻打蕉潭联防队和县警队,摧毁岭头顶上的敌炮楼。

9月1日,喻英奇上任闽粤赣边区"剿总"总指挥,省主席宋子文即令其以本区主力配合第六区保五团一个营"会剿"八乡山根据地,限9月底肃清。为此,喻英奇改用集中兵力重叠配置钳形推进,轮番进攻战术,企图把人民武装压缩在狭窄地区,使之消耗兵员、弹药，失去连续作战的能力。人民武装则采取内线作战与外线作战相结合的战术打击敌人"清剿"。

在内线反击，阻击敌军深入山区后，主力第一、三大队迅速转移到外线，挺进潮普惠南、潮揭丰边开展平原游击作战。同时，调动地方大队和武工队乘敌后方空虚，分散出击。从中旬到月底，人民武装驰骋百里，使普宁、揭阳、惠来县城之敌，终日戒严，纷纷告急，迫使敌军从各地撤兵，从而取得第四次反"清剿"作战的胜利。同时，也打开了在平原开展军事斗争和发动群众的新局面。

五、河西秋收保卫战和第五次反"清剿"斗争的胜利

为彻底粉碎国民党的"清剿"计划，1948年10月初，潮汕地委在大北山召开干部会议，提出继续开展反"三征"和减租减息群众运动，巩固游击根据地，积极开展平原游击战争。号召军民行动起来，保卫秋收，保卫解放区，粉碎敌人新的重点进攻。

丰顺县委在南溪食水坑召开会议，认真贯彻地委大北山会议精神，根据形势做出应对措施，号召全县党政军民，全面开展备战活动。独二大队根据县委指示，进行以诉苦为主的政治教育，学习十大军事原则，决心打好河西秋收保卫战，保卫八乡山根据地。八乡山成千上万民兵，举行"保卫秋收，保卫解放区"的武装大检阅、大动员。河西500多名民兵，上山筑工事，为主力部队在主战场歼灭敌人创造条件。

1948年11月10日，县长吴式均为配合闽粤赣边"剿共"总司令喻英奇发动第五次反共大"清剿"，组织抢粮，破坏共产党武装的经济和粮食给养，派自卫队200多人进入河西腹地抢粮，被汤坑武工大队和河西突击中队配合粤东二支第一团（原北山大队扩编）和第六大队迎头痛击，联防自卫队见势不妙，仓皇逃走。

13日，吴式均率驻汤坑联防总队600余人配合喻英奇直属营100余人，分兵三路：中路从石江、坪城、锡滩，左路从蕉潭，右路从北斗向河西进犯。独二大队和河西突击中队在高沙横楼进行阻击，从早晨激战至中午。喻英奇直属营取道蕉潭向独二大队阵地背后迂回包围过来。由于处于敌众我寡和不利地形，独二大队决定撤入八乡山苦竹坑、南山子一带，牵制敌方。

15日，二支一团和独立第六大队在揭阳良田击败方景韩营后，连夜赶回汤西南溪，与汤坑武工大队、突击中队会合，于凌晨4时，发起全面反攻。县委书记王文波和二支司令员张希辉亲自指战，至翌日上午，国民党军各据点全部瓦解。此次战斗打死国民党兵10余名，俘敌47名，缴机枪1挺，活捉乡长蔡礼瑶。16日，吴式均带王国权营向南溪反扑，遭二支一团第六大队及汤坑武工大队、突击中队的狙击。从早晨打到天黑，打死打伤国民党兵60余名，俘敌70多人。国民党兵只好撤退，河西秋收保卫战取得胜利。

12月9日，突击大队袭击汤南罗屋联防，联防兵40余人全部投降，缴枪40余支，军大衣20多件，子弹4 000余发，手榴弹24枚。随着形势的发展，砂胜区、大龙华区相继成立区人民政府。东隘成立韩江第二武工队，黄金成立武工队，收缴地主联防武装。

至此，丰顺军民彻底粉碎了喻英奇的第五次"清剿"，取得了反"清剿"的完全胜利。

第五次反"清剿"的胜利，标志着潮汕战场的一个重大转折，使敌人由重点进攻转入防御，而人民武装则由战略防御转入战略进攻。河西秋收保卫战取得胜利后，丰顺敌军处于守势，龟缩在汤坑、县城、隘隍等圩镇设联防据点。为此，县委提出"加快发展独二大队的力量，四方出击，瓦解联防，配合主力，解放丰顺"的方针。

第三节 配合南下大军作战解放丰顺全境

一、大坑之战

1948年7月19日，粤东支队司令员刘永生率粤东支队独一、独二大队以及丰北、大龙华、砂胜武工队，在岳坑、大坑民兵的配合下，共1 000多人攻打砂田黄花村联防炮楼。由于防守工事坚固，进攻未果，后撤回岳坑、大坑一带修筑战壕工事，准备打伏击战。国民党军王国权营和潮安洪之政保安团，在李少逸、李介丞联防自卫队配合下，于21日进砂溪村"围剿扫荡"，企图歼灭粤东支队主力。22日清晨5时，王国权营300多人化装成解放军从班凹偷袭过来，进至大坑村尾大径口时，与刘永生部哨兵遭遇，便互相开火。结果飞龙窝岽、十字龙岽阵地被王国权营占领，两军争夺高炉岽阵地。刘永生带队从青勾浣赶来，抢占大石头背有利地形，架起机枪当场打死敌1名连长和11名士兵，占领了脱头岽阵地。双方激战一天，傍晚，刘永生派小鬼队到飞龙窝岽和十字龙岽阵地袭营，被发觉，小鬼队牺牲1人，打死王国权部排长1人。22日晚10时，刘永生率部向岳坑撤退，王国权部在大坑宿营。

另一路洪之政率保安团向岳坑萝卜岽独一大队阵地发起进攻，炮击萝卜岽阵地。砂胜武工队和岳坑民兵向萝卜岽增援，傍晚，撤至赤坑口。洪之政占领岳坑后，烧毁民房134间，砍杀了3名士兵，劫掠村民，当夜离开岳坑，返回砂田。战后，刘永生率部队从岳坑经赤坑口过渡，向饶平转移。

二、解放汤坑和丰顺县城（丰良）

1949年4月21日，毛泽东主席、朱德总司令发布《向全国进军的命令》，中国人民解放军百万雄师强渡长江，解放南京。在进军令的鼓舞下，闽粤赣边纵队司令部于5月中旬在揭阳县（今揭西县）五经富，召开二支队司令部和二、五团干部会议，研究解放丰顺县的汤坑及丰顺县城问题。会议由副司令员铁坚主持，五团接二支司令部的指示前，由团长饶辉和参谋长杨贵生前往棉湖，向边纵司令部汇报和接受解放汤坑及丰顺县城的任务。接着，丰顺县委在大罗南溪背耀华里召开县委扩大会议。由县委书记、五团政委王文波主持，二支副司令员陈彬亲临会议指导。会议内容主要是传达潮汕地委和二支司令部关于部署解放汤坑及丰顺县城的指示，拟定丰顺县军事管制委员会领导成员名单和做好接管城市的准备工作。

解放汤坑 汤坑地处潮梅交界的揭（揭阳）丰（丰顺）公路中间，既是交通要道，又是丰顺县的军事重镇。国民党县政府把重兵放在汤坑。在汤坑北部的上帝堂、福生堂等地，驻有县自卫总队100多人，由队长陈林锋直接指挥，并派出1个班占据后面制高点——石印岽，构筑堡垒；上帝堂面前的刘家祠是三区区署和警察所。在汤坑南部的涵碧楼和图书馆，驻有第三区联防队和采芝、罗屋等联防队共200多人，并派出一个排在东南面制高点——金瓯山固守。

22日晚，在二支副司令员陈彬部署下，指定各路部队进入阵地，采取分割包围，各个歼灭的战术。北部由李彤团长率领的二支二团负责主攻上帝堂、石印岽、福生堂和汤坑警察所，团指挥部设在太平楼；南部由饶辉团长率领的二支五团负责主攻涵碧楼、图书馆和金瓯山据点，团指挥部设在丘屋寨民生布厂；边纵副司令员铁坚率领的边一团和二支三团，负责在揭丰公路汾水一带阻击敌人，作战总指挥部设在忠实小学。

23日凌晨，信号"轰"声炸响，部队向敌各据点发起进攻。二支二团第一连第二排，很快占领石碑街距离警察所20米的福生堂的制高点和警察所（敌人已撤到上帝堂内吃饭）。这样，既可分割、封锁上帝堂和石印岽敌人的联系，又可控制上帝堂门前一口水井。敌发现福生堂被占领，即集中火力向福生堂猛烈射击，因福生堂简陋，墙壁不坚，敌机枪子弹穿墙而过。经过一场激战，革命军反被敌人的机枪火力压住。在这紧急关头，得到当地群众和民兵的大力支援，送来几件棉胎和大批稻草，用水泡湿后堆成防弹墙，然后在三、四楼居高临下，集中火力向上帝堂的敌人猛烈攻击，击毙了敌人的重机枪手。此时，石印岽的孤敌被二支二团全歼。对驻在上帝堂的敌人紧缩包围圈，展开政治攻势，反复宣传共产党和人民解放军的政策。以二支队副司令员陈彬的名义出具劝降信，交徐松、徐院池邀请有名望的汤坑商会主席丁季彬和乡绅徐蔚然等人，送入上帝堂。经过谈判，陈林锋最后率部投诚。

23日，驻在汤坑民众图书馆的敌人撤入涵碧楼后，部队立即转移到大伯爷一带，加强围困涵碧楼敌人。在此同时，五团指挥部也推进到图书馆。丰顺县委、行委工作人员和团部政宣队，进入汤坑街头巷尾，张贴标语，宣传共产党的方针政策和人民解放军的"三大纪律、八项注意"，动员群众起来支援解放汤坑。群众踊跃行动，送水送饭上前线，指战员受到极大鼓舞，勇猛打击敌人。

攻打涵碧楼的二支五团三营在23日凌晨攻下金瓯山后，迅速占领了东南片的制高点。一营由金镇小学到陈家祠；二营和三营由大伯爷到老汤坑中学，把涵碧楼的敌人团团包围……徐院池以及丁季彬、徐蔚然等人,带上劝降信进入涵碧楼谈判。经过几个小时谈判,当晚涵碧楼守敌缴械投降。至此,整个汤坑解放。这次战斗,共歼敌270多人,缴获轻、重机枪各1挺,步枪310多支,短枪27支。

解放丰良 汤坑解放后,铁坚副司令员率领边一团和二支二团,二支五团第一、二营,发扬连续作战的作风,挥师北上,爬山越岭,急行军30多千米,攻打丰顺县城。丰顺县城地处潮汕和兴梅交界,在揭丰和丰隰公路会合处,是丰顺县国民党反动派的堡垒。县城除了有警察局的警察之外,还有1个保安连驻在东厢龙蟠围,由连长王汉忠率领1个班,加强陂岭嵩碉堡的防御;县自卫大队则在中山公园布防;县长吴式均和大队队长吴柏苍在新畲岭炮楼设四个火力点妄图死守县城。

25日凌晨战斗开始,二支二团直插城郊西北部莘陂村。一连冲上村后山顶与敌自卫大队激战,抢夺制高点。第二连在上午10时攻占了西片的莘陂嵩,敌自卫队向莘陂的吴式均大院撤退。城郊西北片为二支二团控制,并向县城进击。边一团经过一番激烈战斗后,也控制了城郊东南的大人嵩和火岽嵩等制高点,即向陂岭嵩堡垒进攻。二支五团一、二营则在城东面的仙洞,占领东关凹,切断敌人退路。县城周边激战1天后,敌难于招架,下午5时全部撤入县城内,趁夜由张辉军率领保安连和县长吴式均,自卫大队队长吴柏苍率领自卫队,经新畲岭下和斜塔下的沿河山路狼狈逃窜,经过黄金至隰隍。部队于26日开进县城。残留的敌人投降,附近莘陂和建桥等地的联防队也纷纷缴械。是役,毙、伤敌10多人,缴获敌人无线电台2部、迫击炮1门、轻机枪2挺、花机枪2挺、长枪99支、短枪14支及军用物资一批。

汤坑和丰顺县城的解放,使潮汕与兴梅解放区连成一片,切断了敌人潮梅陆路交通线,为迎接大军南下,解放全潮汕扫除障碍。

1949年5月26日，为丰顺县解放日。

［附注：《丰顺县人民代表大会常务委员会文件》（1990年9月21日）称：5月26日确定为"丰顺县解放纪念日"。通过开展解放纪念日的纪念活动，更好缅怀革命先烈，学习革命前辈，继续发扬革命的优良传统，树立爱国主义、共产主义和革命英雄主义的精神，在中国共产党领导下，全县人民紧密团结，奋力拼搏，为我县政治、经济和社会的进一步稳定、发展而努力奋斗。］

三、攻打䶮隍之战

1949年6月30日，中国人民解放军闽粤赣边纵队司令员刘永生、副司令员铁坚，率领边一团、边二团、边七团、暂编第三支队攻打䶮隍，组织边纵第四支队、第一支队、第二支队和部分地方团和武装工作队打援，与国民党十八军十一师刘汉鼎部、保安司令兼闽粤边"剿匪"总指挥喻英奇率下的九六一团、马汉初部激战一天，当晚撤退。这次战斗，是闽粤赣边纵队成立以来一次较大的战斗，也是粤东地区在解放战争时期一次较大的战斗。

䶮隍地处韩江中游的西岸边，是兴梅和潮汕的交界处，韩江电轮可直上松口、梅县，直下潮州、汕头，是水上交通的枢纽。䶮隍是一个要塞，为历代兵家必争之地。东征、土地革命、全民族抗日战争、解放战争各个时期，中共都在䶮隍设过地下联络站和攻打过䶮隍。䶮隍成为必争之地。喻英奇也知道兴梅已经全境解放，如人断半臂，若䶮隍不驻重兵，将失老巢。故他将驻在䶮隍的张兆诗部很快充实为九六一团，重兵固守。

攻打䶮隍前夕，二支五团派特工股长徐德超，陪边纵司令部许参谋等5人，从潘田出发，闯过䶮隍敌哨所，沿韩江到达东䶮向中共潮饶丰边委和䶮东区委传达边纵司令部关于攻打䶮隍及东进计划。攻打隌隍时，边纵司令部的兵力部署是：暂编第三支队，由西面主攻隌隍敌人据守的红崇顶一八六高地；边二团占领隌隍西南高山，从南边侧翼直插河边截断敌人南逃潮汕之路；边一团、边七团与第四支队十一团，在一江之隔的东岸东隌堵截逃敌，并负责警戒潭江守敌团防，牵制增援隌隍的敌人。

6月29日，暂编第三支队、边二团，在边纵司令员刘永生指挥下，从丰城、潘田等地出发。因当天突下大雨，山洪暴发，山路泥泞难行，且担任正面主攻的暂编第三支队起义过来时间不久，不习惯夜行军，导致未能按时（30日晨7时）到达指定地点，失去突袭战机。在西南片负责截击的边二团和敌方部队先打响，使隌隍守敌已有准备，全面进入阵地防守。第三支队赶到，立即英勇投入战斗，由一营营长钟毓诚担任右翼，三营营长孔昭泉担任左翼，率领部队几次吹起进军号，冒着敌人的炮火，猛烈向敌人制高点一八六高地炮楼冲锋，每次冲到炮楼周围，都遭到敌人的顽强还击。处于隌隍对岸的铁坚副司令员虽命迫击炮连频频向一八六高地轰击，亦无助于占领高地。虽在一八六高地打死打伤敌人30余人，但第一营三连副排长温城等10人不幸牺牲。至中午，双方仍处于对峙状态。负责在西南河边打截的边二团，清早派出第二、三连按时到达南坑警戒。第一连占领了制高点大岭崇。敌人却集中力量向边二团阵地进攻，企图夺取大岭崇阵地，但都一次又一次地败退下去。边二团在战斗中，非常顽强勇敢，二连连长共产党党员张惠群，腹部被敌炮弹炸伤，仍然不下火线，坚持战斗。团队的几位女卫生员，在来回抢救伤员中，顽强勇敢，不怕牺牲。一连的卫生员李裁，有时爬行，有时翻滚，冒着枪林弹雨，在90米宽的阵地迂回抢救伤员。敌人发现李裁是女的，在冲锋时叫嚣"抓住女八路，抓活的"，一次头发被敌人抓住，她拼命挣脱，头发被敌人拔去一束，后来在同志们火力掩护下，才脱了险。在这场阵地抢夺战中，排长李文坎等7人光荣牺牲。中午，敌依然攻夺不了边二团阵地。敌人恼羞成怒，调动了隔江的东陇之敌和潮安上来的援兵，用电船、木船，一船一船载来西片，增强对大岭岽的攻击。下午，敌人的枪炮如雨水般打落在二团一连阵地。一连则以有利地形，居高临下，用机枪、步枪、手榴弹一起猛打。

负责在东陇打援的边一、边七团，也因天雨，未能按时到达指定地点汤头岭西侧韩江边。当时，刚要调防离开陇陷之敌张兆诗部，电船正要往潮州开时，被布防在江边第四支队的第十一团一连、九连开枪袭击。但因为火力较弱，无法阻击敌人强行登陆，被敌人夺去了东陇一块滩头阵地。然后，敌人以优势兵力、火力向十一团进攻，迫使十一团退入竹林、蔗林阻击敌人。在阻击战中，十一团五连（虎连）冒着敌人炮火，击退敌军多次反扑。副排长李海前额中弹受伤，血流满面，仍坚持战斗，最后连长命令他回指挥所报告前沿情况，他才退出前线。在激烈战斗中，二班长林国和战士魏莫不幸牺牲。初时，边一和边七团还在居林，一时赶不到江边，待跑到江边时，受到敌人迫击炮和重机枪火力猛烈拦阻，双方展开激烈的战斗。

最后，发现陇陷的守敌，在调防中，要调走的张兆诗团还未走，而"围剿"阴那山的刘汉鼎台湾新军已经进到陇陷，敌方兵力比原增加一倍。根据此情况，边纵司令部命令各团"停止攻击，天黑撤出战斗"。黄昏，三支队和边二团向丰城撤退，边一团、边七团和四支队十一团向盐坪、凤凰山撤退。此役，共打死打伤敌人200多人，解放军部队也伤亡数十人。

陇陷战斗具有重大意义，首先是迟滞了敌人第十一师北上与胡琏会师的计划；其次，陇陷战斗对于巩固兴梅解放区，加速解放潮汕起了很大的作用。隘隍战斗之后，边二团很快就于7月9日攻下反动据点黄花村；7月7日边一团、边七团和第四支队，又乘胜解放了饶平县城。再次，隘隍战斗打乱了敌人作战计划。隘隍战斗后，中共中央华南分局书记方方率华南分局由香港取道潮汕、兴梅到赣州与叶剑英会师，大大加快了解放华南和闽粤赣边区的进程。方方评价说，"这是一次阻击推迟胡琏南窜会师的大胜利"。

四、丰顺全境解放和欢庆胜利

1949年8月，被解放军南下大军追歼的胡琏兵团，为掠夺物资，补充兵源，打通潮梅走廊，准备逃往台湾，调来台湾新军刘鼎汉部队到丰顺接应。8月4日，胡琏兵团进犯丰顺县，先头部队先遣营进至西关遭丰北西线武工队阻击。

中共丰顺县委和闽粤赣边纵在胡琏兵团未来到之前，一面派出部队进行阻击，一面组织机关干部和群众安全转移，把粮食、物资进行疏散掩蔽。彭铨等带领丰北区队转移九龙嶂一带活动，四区区长徐城带领工作人员在东山坪顶活动，李岳将四区骨干民兵组成两个武工队，活动在尖髻山、韩山一带。全县各地武工队都进入山区，全面开展反拉夫抓丁、抗征粮税的斗争，并伺机对胡琏兵团进行袭击等游击活动。

1949年8月14日至15日，丰顺县委在南溪召开县委会议，书记王文波作了"关于目前形势"的报告，丘逸群、丘飞、卓玉峰、饶辉等分别作了军事、经济、群众工作、干部工作、党务工作的发言。分析了形势和斗争性质，指出南下大军即将挥戈前进，彻底消灭残敌已经为期不远了。同时号召各级党委和政府部门，认真做好各项工作，并号召全县军民动员起来，伺机歼灭南逃之敌，夺取最后胜利，解放丰顺全境。

为了做好全县接管工作，根据县委指示，由宣传部和文教科主办，于8月在八乡山滩下村举办政宣训练班，参加人数70人。由宣传部冯汉帮和徐勋、邹长安负责办班，刘浪、徐广常等为教师。主要学习毛泽东《新民主主义论》和《论人民民主专政》等文献，时间为2个月。为迎接大军南下和丰顺县全境的解放培养一批德才兼备的干部人才。

9月19日，县委根据潮汕地委4日发出《机关拥军、助战、组织欢迎大军动员委员会的指示》，在河西召开丰顺县迎接大军动委会筹备会议。

会后，各区、乡、村政府分别召开群众大会，动员群众做好支前和迎接南下大军工作。其间，家家户户踊跃捐献慰劳品，按时价折谷共2 326担慰问大军，并在公路集队迎军拥军，支前参战。

9月4日，由刘永生司令员、铁坚副司令员率边一、边二和边七团护送华南分局书记方方和华南分局机关，抵达江西会昌县城与南下大军四十八军胜利会师。7日，由叶剑英主持召开了解放华南的作战会议。根据赣州会议军事部署，边纵主力回师兴梅击敌，并配合第三野战军解放潮汕。16日，边纵主力从江西会昌挥师南下。

在大军南下前后，县委领导党、政、军、民共同协作、配合边纵主力，全面出击，追歼南逃之敌。四区武工队及民兵先后在猴子崟一带配合部队迟滞敌人。在畲坑打败仗的逃敌经过建桥坪上岗时，遭到四区西线和丰北武工队的袭击，敌人慌忙逃跑。10月3日，武工队及民兵200多人，为迎接边一团和边七团到来，抢登了县城周围各山头。敌人见到部队占领山头，认为南下大军已包围县城，晚上8时狼狈向陷隍方向逃窜。部队彻底收复县城，全城人民再次欢庆解放。

9月22日，敌胡琏两个团，分二路进犯凤凰山革命根据地。其中一路从大埔高陂直下丰顺潭江，黄昏时，其先头部队100多人化装为"边纵"人员，进犯白芒輋。磜东武工队和政工队配合民兵进行阻击。在战斗中，地下交通员李钗、洪茵与敌展开搏斗，终因敌众我寡，不幸被捕牺牲。但在部队阻击下，第二天敌则撤退。敌人撤退到磜隍时，遭到磜东武工队袭击，俘敌2人。10月6日磜隍解放。

汤坑片也到处袭击南逃敌人。10月5日，纵队司令部率一团、边七团从梅县翻山越过九龙嶂，直插县城。接着又越过伯公凹直奔汤坑，驻汤坑胡琏敌军闻风丧胆，于6日下午6时向揭阳逃窜。当晚，五团进入汤坑。至此，丰顺全境解放。

10月17日和11月7日，丰顺县党政军机关和广大人民群众，分别在汤坑和丰良隆重召开大会，热烈庆祝中国人民革命的胜利和中华人民共和国成立，热烈庆祝丰顺全境解放。

丰顺县人民在中国共产党领导下，揭开了丰顺历史新篇章。中共丰顺县委成为担负起领导全县人民建设新生活的重任，带领全县人民进入社会主义建设新的历史时期。

第五章
红色土地上的绿色崛起

第一节 丰顺老区迅速发展

一、探索发展，建设老区新家园

中华人民共和国成立后，丰顺老区人民以当家做主的精神风貌和高涨的生产建设热情，开展了轰轰烈烈的社会主义经济建设高潮。

1950—1957年是国民经济恢复和社会主义改造时期。这一时期进行了土地改革和社会主义三大改造，使工农业生产顺利恢复和发展，国民经济建设取得辉煌的成就。全县社会总产值，从1952年的4 122万元增至1957年6 684万元，增长1.62倍。1957年，全县农业产值达到4 851万元，比1949年增长85%；工业固定资产值由1950年的2.3万元增至42.44万元，产值由1949年的177万元增至845万元，分别增长18.5倍和4.8倍。中华人民共和国成立初期，全县有三种经济成分，即社会主义国营经济、集体经济和个体经济。国营经济和集体经济占比重小，个体经济占绝对优势。1952年工业产值中个体手工业占87%，国营和其他成分只分别占5%和7%；社会商品零售额中私商占55.5%，合作社占26.1%，国营占18.4%。1956年，对生产资料所有制实行社会主义改造，国营和集体经济壮大，各种经济成分的比重发生了重大变化。农业除个别农户单干外，已基本上形成以农业合作化为主体的集体经济；工业实现了公私合营或合作社经营。1957年，工业产值中，国营的比重上升为39%，集体和公私合营占60%，个体占1%；社会商品零售额中,国营占39%,集体占44%,个体占17%。

第一个五年计划时期,是丰顺快速发展的第一个黄金时期。县委、县人民政府带领全县人民在农村进行了土地改革,废除封建土地私有制,逐步发展互助组和建立农业生产合作社,实现社会主义生产资料集体所有制,基本完成了对农业的社会主义改造。中华人民共和国成立以后,工业产值在工农业总产值中的比重,由1949年的6.3%增至1956年的13.4%。全县工业以轻工业为主,立足于当地,为农业生产服务。

中华人民共和国成立后,党和政府在各个时期给予了丰顺县老区各个方面的大力扶持。1950年,根据广东省人民政府颁布的《征收公粮实施细则》,丰顺县实行15级累进征收率,对粮食收入低者免征或减征。各老区乡村因粮食单产低,享受免征或少征的待遇。

1951年,省政府派出革命老区慰问团,深入丰顺老区进行慰问活动,与会者均领取了毛泽东书写的"发扬革命传统,争取更大光荣"的纪念证和其他慰问品。

1954年起实行粮食统购统销政策,在下达公粮、余粮征购任务时均关照到老区的实际困难,给予减免征购任务或增加返销粮的优待。

1979年8月,国务院批转民政部、财政部《关于支援革命老区根据地建设所需经费、物资问题的请示报告》,指示从经济、物资等方面对革命老区实行优惠政策。

1984年9月,中共中央、国务院发出《关于帮助贫困地区尽快改变面貌的通知》,中共广东省委、广东省人民政府发出《关于加速发展山区经济若干政策问题的规定》,进一步规定对革命老区的优惠政策。从1985年起,对贫困老区免征农业税5年。贫困老区兴办的企业免征所得税5年。对不属贫困老区、乡的老区村庄，每人全年平均收入不足120元、人均口粮200千克以下者，给予特殊照顾，减免农业税与工商所得税。在发放贷款时，在同等条件下，优先照顾老区，并尽可能实行低息贷款。

1952—1965年，中央、省、地区及县先后共拨专款99.65万元，县各部门投资共22万元，支持县内老区各项建设。具体项目有：修建水利工程555宗，开垦荒地约33公顷，种植松杉竹4万棵、果树4万棵，开辟汤坑至下八乡和丰良至砂田的公路共93千米，修建公路大桥1座、小桥梁8座，修建中小学校舍236间，卫生院所28间，新建民房592间，修建旧房8 825间，厕所1 367间，购买耕牛1 791头，中小农具7 274件。

1979—1987年，省、地、县三级政府为丰顺县老区拨款和贷款，并拨给钢材、水泥、化肥等大批物资，支援老区举办集体福利事业和发展经济事业。开辟通往马图、盐坪、大胜、潭山等老区的公路9条，全长121.8千米；修建饮水工程105宗，水利工程216宗；兴建小型水电站122座，总装机容量10 939千瓦；修建学校教室259间；造林1.3万多公顷，多项系列的雪中送炭，使老区贫穷落后的面貌有所改观，老区人民的物质和文化生活得到改善。

1982—2005年，省继续支援丰顺县老区发展生产资金，主要用于低收入老区群众发展茶叶、青榄、紫胶、龙眼、荔枝、经济林及养猪、养牛等种养业，以及扶持乡镇企业发展和解决老区"五难"（住房难、行路难、饮水难、读书难、看病难）问题。

1982—2005年，省拨给丰顺县老区专项资金，完成老区55个自然村新开机耕路共176千米。2000—2005年，省财政投入丰顺县老区公路基础设施建设资金，修建了老区镇通行政村水泥硬底化公路165千米；省老区建设促进会安排给丰顺县专项扶持资金207万元，修筑了25个自然村共133千米公路和4座桥梁。

至2005年，省财政拨给专项经费1 440万元，改造丰顺县老区破危学校62所，建筑面积66 135平方米。其中由县老促会组织实施改造48所；深圳市援助360万元，改造老区破危学校12所，援建老区破危学校2所。

此后，各级党委、政府出台了多项政策扶助老区改变"上学难""看病难""行路难"，丰顺老区"老三难"得到了基本解决。

2013年7月，丰顺县被确认为原中央苏区县后，随着《国务院关于支持赣南等原中央苏区振兴发展的若干意见》《赣闽粤中央苏区振兴发展规划》以及省发改委有关文件精神的贯彻落实，全县老区更是得到了党和国家对中央苏区县的大力扶持。2013和2014年，中央和省下达项目47个，投资总额2亿多元；2016年获得中央资金3.4亿元，其中中央苏区补助资金3 040万元。这些资金涉及了农业农村、基础设施和社会保障等方面，为推动丰顺县老区振兴发展提供了有力的资金支持，极大地推动了丰顺县经济社会的迅速发展。

二、改革开放，谱写丰顺新篇章

改革开放后，丰顺革命老区迈上社会主义建设新时期。这一时期以社会主义经济建设为中心，农业实行家庭联产承包责任制，农村广大农民生产积极性大为提高，多种经营全面发展，农业自然资源逐步得到开发利用，涌现出一批专业户和经济联合体，商品生产比重增加，农业生产出现了新的局面。工业生产因基础薄弱，加上初期不适应市场的竞争形势而停滞不前，甚至倒退，后经调整，发展横向联系，进行扩大改造和加强管理，始见起色。改革开放后，个体商业恢复发展，全县真正形成了以国营、供销为主体，个体商业为补充的社会主义商业市场，商品充裕，市场繁荣。

到"十一五"规划的完成,丰顺县各行各业呈现了新的景象。

(1)经济实力明显提升。2010年,全县实现生产总值58.7亿元,比2005年(下同)年均增长12.7%;规模以上工业总产值43.9亿元,年均增长20.1%;农业总产值25.3亿元,年均增长5.2%;一般预算财政收入2.5亿元,年均增长21.5%;财政综合增长率全省排名第23位,比2008年跃升25位,首次被省授予"加快县域财政发展奖";全社会固定资产投资19.3亿元,年均增长12.3%;社会消费品零售总额2.6亿元,年均增长19.4%。

(2)产业结构优化升级。2010年,三大产业结构进一步得到优化。重点发展优势工业,加快企业转型升级。电声产业正式列入"广东省产业集群升级示范区",成为全市首个产业集群升级示范区。丰顺家具广场竣工使用,电声大厦落成启用。电声行业环境污染综合整治经省同意摘牌。大力发展精致高效农业。全县国家级农业高新技术企业1家,省、市级农业龙头企业23家,省级民营科技企业11家,广东省健康农业科技示范基地3个;广东省著名商标2个,广东农业名牌产品5个,有机食品4个,无公害农产品2个,绿色食品认证产品3个。有农民专业合作社83个。大力发展旅游先锋产业,打造"慢生活"品牌,发展"慢生活"经济。龙鲸河被评为国家AAA级旅游景区,黄花村被评为广东省旅游特色村、中国生态文化村,邓屋温泉区被省旅游局评为首批广东省温泉示范基地。商贸、金融、保险、汽车、房地产等服务业蓬勃发展。

(3)招商引资成效突出。全力开展招大商选优资,大力发展总部经济,强化投资拉动经济增长。至2010年,全县招商引资项目53个,投资总额80多亿元,创税2.9亿元。全县总部企业总数达16家,招商引资创税7 310万元,其中总部企业税收3 860万元。加快园区开发建设。积极搭建招商引资新平台。县工业园有企业36家，园区实现产值6.5亿元，创税3 120万元，分别比2005年增长51.3%、46.6%。

（4）宜居城乡更加秀美。启动修编县、镇、村规划，全县城镇化率43.3%，比2008年提高0.71个百分点。锦江美景城、千江花园、鸿景花园等商住区成为城市新亮点。䃎隍中心镇建设强势推进，韩江鹿湖温泉度假村全面动工。砂田镇黄花村被评为第二批"全国生态文化村"。八乡山镇戏潭村、䃎隍镇石九村安居示范家园建设有力推进。加快"三旧"改造，加强土地储备，启动改造项目2个，规划改造项目10个，土地储备项目4个。皇轩花园、东山片旧城改造和东山体育文化公园等"三旧"改造项目扎实推进。五年共投资10亿多元，新铺筑水泥公路941千米，其中完成国省道改造42.2千米、县道及经济线路改造112千米、农村公路硬底化786.8千米，新开自然村公路186千米，城乡交通明显改善。韩江沿岸除险加固和县城防灾减灾工程基本完成。完成小型水库除险加固63宗、小水电建设工程101宗，农村饮水安全工程24宗。共投入资金5亿多元，新建和改造一批电网工程。电信3G网络实现全覆盖。韩江东山水利枢纽工程竣工投产。县污水处理厂建成使用。老汤湖改造全面完成，汤湖公园建设有力推进。万佛园一批景点和"绿道"建成使用。"三边"整治进展顺利。集体林权制度主体改革基本完成，森林资源管护进一步加强，创建生态镇4个、生态村105个，全县森林覆盖率达66%。全县68.4%的行政村被评为"环境卫生合格村"。

（5）科教文卫全面进步。丰顺县被国家科技部授予"国家级可持续发展实验区""广东省新农村建设科技示范试点县"。2010年，全县高新技术制造业产品产值12亿元，增加值3.2亿元，分别增比233%、287%；专利申请量35件、授权量36件，分别增比35%、125%。丰顺县被省授予"广东省普及高中阶段教育达标县"。东海教育区建设扎实推进。丰顺中学被评为广东省国家级示范性普通高中。汤坑、小胜两镇被省评为教育强镇。隘隍中心小学、黄金中学、八乡山中学等新校建成使用。职业技术教育快速发展。全面解决代课教师待遇问题。全县共17个项目被列入各级非物质文化遗产保护名录。开展文化先进镇创建活动,汤坑镇被市委、市政府评为首批文化先进镇,全县建成"农家书屋"86间。建桥镇建桥围被评为广东省第二批"古村落"。埔寨镇获得"全国群众体育先进单位"荣誉称号。加强基本医疗卫生制度建设。丰顺县被国务院列为医改挂钩样本县,成为全市公立医院试点县。县人民医院成功推行院长负责制改革。

（6）重点民生持续改善。大力发展"公益型"社会事业,不断完善"普惠型"社会保障,全面实施"共享型"民心工程。贯彻落实就业政策,强化技能培训,促进充分就业,支持自主创业,每年城镇登记失业率控制在3%以内。支持泰昌等龙头企业到乡镇设立"村民车间",实施县内"双转移"。城乡低保实现动态管理下的应保尽保。五大险种参保人数大幅增长,2008年年底基金征收总额首次突破亿元大关。农村社会养老保险参保人数不断增加,丰顺县被省列入第三批城乡一体化社会养老保险试点县。率先在全市启动失地农民养老保险制度,实行城镇居民基本医疗保障,新型农村合作医疗实现常住人口全覆盖。保障性住房建设稳步推进。丰顺县被评为"全国残疾人社区康复示范县""全国白内障无障碍县"。狠抓扶贫开发"双到"工作,71%的贫困村、68%的贫困户、67%的贫困人口已实现脱贫。完成农村贫困户危房改造5 362户。全面加强食品药品安全监管。建桥镇建安村成为全省首个农村金融服务站。慈善事业快速发展,慈善氛围日渐浓厚。

（7）社会保持和谐稳定。开展21项民生信访问题专项治理活动和县委书记"大接访"活动，切实解决关乎群众切身利益的实际问题。坚持开展党政领导接访活动，率先在全省成立县纠纷调处指导中心，全面建成县、镇、村三级综治信访维稳平台。五年共受理信访案件3 370件，调处结案3 201件，调处成功率95%。2010年刑事案件立案比2005年下降34.7%；万人刑事发案率比2005年下降39.7%。全县16个镇都被市评为"平安镇"，创建率达100%。

（8）体制改革不断深化。完成改革转制国有工业企业共6家，安置职工1 088人，妥善解决了一批国有企业转制历史遗留社保问题。县减震器厂、县饮料总厂及饮料厂3家国有企业改革转制工作加快推进。深入开展国有资产管理体制改革，新组建成立了国有资产管理机构、国有资产运营办公室和国有资产投资公司，促进国有资产保值增值。圆满完成新一轮县政府机构改革，部门设置更加精简，工作职责更加明确，服务效率更加提升。乡镇简政强镇机构改革基本完成。深化农村体制改革，农村综合改革实施方案，省政府原则同意实施。

（9）民主法治更加健全。全面加强对人大、政府和政协工作的领导，扎实推进民主法治建设。全力支持人大依法行使职权，增强监督效能，推进依法治县工作。积极稳妥推进政府职能转变，努力建设法治政府、诚信政府、服务政府。全力支持政协发挥参政议政作用，围绕经济社会民生热点问题，开展调研视察、议政建言。注重团结引导新社会阶层人士，不断巩固壮大爱国统一战线，实现统战工作"大团结""大联合"。推进村务财务公开工作，积极开展平安和谐社区建设，全县共有8个社区被评为广东省"六好"平安和谐社区。大力支持工青妇等工作。坚持党管武装工作，扎实开展"双拥"创建活动，连续三次被省授予"双拥模范县"。

（10）党的建设全面加强。坚持以改革创新精神，全面加强党的建设。扎实开展深入学习科学发展观和"创先争优"活动，基层党组织的战斗堡垒作用和党员的先锋模范作用明显增强。全面实施干部大培训计划，五年共培训干部1.95万人次。严格执行《党政领导干部选拔任用工作条例》，深化干部人事制度改革，通过规范干部任用初始提名制度、坚持选拔任用常委会票决制、探索实践公推直选制、积极搭建年轻干部成长平台等一系列有效措施，选好优秀干部，配强各级班子。逐步建立干部工资稳定增长机制，2008年以来先后两次较大幅度提高干部的福利待遇。妥善解决离任村（社区）干部的生活保障。贯彻落实党风廉政建设责任制，对重大决策落实、重点工作推进和重大项目建设实施效能监督，严肃查处违纪违法案件，反腐倡廉建设取得了新成果。

三、高看一眼，扶持解决"三大难"

2009年8月，为贯彻落实《中共广东省委办公厅、广东省人民政府办公厅关于进一步加强革命老区建设工作的意见》和中共梅州市委办公室、梅州市人民政府办公室《关于加大对革命老区发展扶持力度的工作意见》，深入贯彻落实科学发展观，推进全县革命老区新农村建设，加快全县革命老区经济社会发展步伐，下发了有关专门文件。

该文件指出当时县内在教育、卫生、交通、通讯、饮水等方面存在的突出问题和困难：

一是人均收入在1 500元以下的贫困户仍有7 302户33 435人，分别占老区户数和人数的9.5%和9.8%。

二是仍有64个自然村、845户、4457人居住在缺乏生存发展条件的深山里需要搬迁，搬迁村庄多，搬迁人口数较大。

三是全县仍有110个自然村庄未通机耕路，总里程达376公里，有456个老区自然村、24万人未解决安全饮水问题，农田水利设施建设滞后，成为老区人民反映强烈要求解决的一个突出问题。

四是全县有23 098户103 940人仍然居住在危破的泥砖房里，受风雨自然灾害的威胁。

该文件强调加大扶持老区发展的力度，提高老区群众生活水平，缩小贫富差距和城乡差距，促进农村和谐发展稳定，是关系到巩固党的执政基础，是深入贯彻落实科学发展观的重要内容，是实现绿色崛起的一项政治任务，各级党委、政府要切实增强扶持老区建设发展的责任感和紧迫感，把这项工作抓紧抓好，抓出成效。

该文件明确提出了加快老区建设的目标，主要是，对老区建设要"高看一眼、厚爱三分、同等优先"。着重从政策上、制度上、经济上重点倾斜老区建设，力争从2009年起用5年时间，使老区自然村实现如下目标：

（1）基础设施实现"四化五覆盖"。即：主要道路硬底化、饮水洁净自来化、农田水利设施建设标准化、厕所无害化；医疗站（原老区行政村）、电网整改、有线电视、固定电话、移动电话网络覆盖率达100%。

（2）群众生产发展，生活改善。实现人均收入基本达到全县平均水平，人人享有农村合作医疗保险，解决应保未保问题，九年义务教育入学率达100%。

为了实现上述目标丰顺县委采取了一系列的政策措施：

（1）加大对老区开发建设资金投入。为确保老区建设目标的实现，各涉老部门的资金在同等条件下要优先向老区安排，并适当提高补助标准，从而加快老区人民脱贫致富步伐，促进老区新农村建设和经济社会的全面发展。自2009年起5年内县财政预算每年安排150万元专用于扶持110个未通机耕路的老区自然村庄的交通建设和扶持部分老区自然村庄解决饮水难、住房难问题。经县交通局立项建设的，开机耕路或水泥硬底化建设均一次性给予每千米2万元补助。

（2）加快对老区农业产业结构调整。一是积极培育发展农业和扶贫农业的龙头企业，协助龙头企业在老区建立农产品生产、加工基地，发展"公司+基地+农户"和订单农业的经营方式，为贫困户提供信贷、种子、技术、培训、销售等产前、产中、产后服务，带动贫困农户勤劳致富。二是大力发展"一村一品"的特色经济。要根据老区的比较优势和群众的种养传统，通过龙头企业积极引导群众按照"一村一品"思路，加快调整农业经济结构，发展特色经济，帮助农民尽快脱贫。

（3）大力改善老区人民生活环境。一是力争5年内完成危破泥砖房的改造，让老区农民住上"安全、实用、卫生、经济、美观"的房子，使老区村成为"住房舒适、布局合理、设施配套、环境优美"的社会主义新农村。二是积极推广沼气利用技术，以沼气池建设带动农村改水、改厕、改灶，解决老区人畜饮水难问题，治理好农村污水、垃圾，改善农村环境卫生。

（4）改善老区人民医疗卫生条件。一是加快老区镇卫生院改造，加强老区行政村卫生站服务能力建设，完善房屋设施设备，提高人员素质，免费进行人员培训。二是在老区全力推行农村合作医疗保障制度，按照"政府组织引导、扶持、自愿量力、互助共济、科学管理和民主监督"的原则，坚持"住院有补偿、小病兼顾、大病有救助"的目标，多渠道筹集农村合作医疗保障资金，实现老区村民基本覆盖农村合作医疗保障制度，努力解决群众困病致贫的问题。三是当地卫生院要定期、不定期到老区进行巡回医疗和卫生站工作，卫生行政部门要结合实际到老区开展送医送药义诊活动。

（5）推进老区自然村庄基础设施建设。一是全力推进农田水利设施建设。采取政府投入和引导老区群众自愿投资投劳参与农田水利设施建设相结合的办法，改善生产条件，扩大受益面积，提高生产能力。二是搞好老区自然村道路建设，积极争取省、市交通部门的支持，加大立项报批工作，落实优先安排、政策倾斜措施。5年内实现自然村主要村道水泥硬底化，全面解决行路难问题。三是全面完成老区农网整改任务，实现有线电视、移动电话信号覆盖自然村达100%。

（6）加快老区富余劳动力转移力度。要切实加强老区农村富余劳动力转移就业的培训服务，帮助他们提高就业本领，为农村富余劳动力进城就业提供良好的环境，全方位支持老区劳务经济的发展。要加强对留守农村劳动力的实用种养技术培训，在5年内实现每个劳动力培训一次以上。不能就读高中的农村应届初中毕业生，重点倾斜推荐就读各类扶贫技校。九年义务教育升学率要达100%。

（7）继续实施边远分散老区村庄搬迁工程。对边远分散老区自然村符合整体搬迁条件的，在群众自愿的前提下，经立项批准后实施整村搬迁。

（8）加强老区贫困农民的基本生活保障。老区贫困户要优先纳入低保，适当提高革命烈属、伤残军人、老复员军人和"五老"人员（老堡垒户、老交通员、老游击队员、老苏区干部、1949年前入党的老党员）的抚恤标准。

（9）继续深入开展老区帮扶活动。根据《丰顺县扶贫开发工作"规划到户责任到人"实施方案》的要求，对挂钩帮扶的县、镇领导干部和帮扶部门党员干部，要选择帮扶村中的贫困户，实行"一帮一"结对帮扶，深入贫困户家中，了解贫困户生产生活困难，为其出谋献策，并通过扶持发展家庭经济、援助生活费、支付学杂费、教授实用技术、引荐就业等多种方式，帮助贫困户脱贫致富，有结对帮扶任务的党员干部每年无偿援助贫困户300元以上。

（10）加强老区精神文明建设。按照社会主义新农村建设总体要求，加强老区精神文明建设，加强老区基层组织建设，充分发挥"两委"班子作用。广泛开展创建老区文明村、文明户活动，坚决打击"黄、赌、毒"和封建迷信活动，净化社会风气，确保老区社会和谐稳定。大力弘扬老区精神，教育和激励老区人民发扬自力更生、艰苦奋斗、不怕牺牲的革命传统，建设好家园。认真做好革命活动旧址、革命历史文物和革命烈士纪念碑的保护维修工作，充分发挥其爱国主义教育功能。

经过全县上下一致的多年努力，上述提出的目标任务基本如期实现，边远山区出现了前所未有的新面貌。

四、党的十八大以来的光辉成就

经济发展提速增效、综合实力不断增强。全县地区生产总值从2010年58.28亿元增加到2015年94.35亿元，年均增长11.9%，分别高于全省、全市3.4个和1.5个百分点；人均生产总值从12 244元增加至19 328元，年均增长11.5%；一般公共预算收入由2.5亿元增加到7.4亿元，增长2.96倍，年均增长26.43%；2015年固定资产投资56.96亿元，年均增长24.2%；社会消费品零售总额45.15亿元，年均增长11.6%；进出口总额3.4亿美元，年均增长11.2%。2013年、2014年连续两年获得全市工业经济发展考核第一名；2013年至2015年连续三年生产总值增速位居全市第一；2013年、2014年市对县科学发展观和振兴发展综合考评得分连续前移一位。

　　结构调整稳步推进、重点产业转型发展。结构调整持续深化,三大产业比例由"十一五"末的25.2∶46.1∶28.7调整为22.0∶45.0∶33.0,第三产业比重上升4.3个百分点,产业结构不断优化。编制发展规划,出台扶持意见,深化"暖企"行动,与工信部电子五所开展战略合作,与中国机电产品进出口商会共建"中国电声出口共建基地",与广州大学联手创建产学研创新示范基地,启动建设省级质量监督电声产品检验站,支持汇威、培英、泰昌、旺兴达等骨干企业技术创新、开拓市场、转型升级。全县电声产值由2010年35亿元增加到2015年79亿元,年均增长17.7%。获评"广东电声之都",被认定为第二批广东省外贸转型升级专业型示范基地。省级出口电声产品质量安全示范区建设通过评审。新增省名牌产品(工业类)2个、"标准化良好行为企业"3家;全县新增规模以上工业企业26家。规模以上工业增加值24.09亿元,年均增长24.7%。全县专利申请量860件,授权量655件,高新技术保有量5家,高新技术产品产值年均12亿元。宇星阻燃公司成为第7家批准组建广东省工程技术研究开发中心的企业。文化旅游先锋产业加快发展。获评"中国温泉之城""中国长寿之乡"。八乡山大峡谷景区、韩山生态旅游度假区陆续建成开放,龙归寨飞瀑获批国家AAA级旅游景区,龙鲸河漂流、千江温泉区等景区升级改造全面完成。按五星级标准建设的宝丰温泉酒店、金德宝温泉酒店、鹿湖温泉假日酒店建成开业。成功举办首届温泉文化艺术节、第九届世界丰顺同乡联谊会、环绕丰顺磨房200千米骑行活动和三届"喜德盛杯"国际(国内)山地自行车赛事等。全县旅游接待总人数430.9万人次、旅游总收入40亿元,分别比2010年增长4.7倍和11倍。重视培育发展新型农业经营主体,新增各级农业龙头企业28家、农业专业合作社334家。培育省级著名商标、名牌产品4个，认证绿色食品、有机食品、无公害农产品11个。小胜镇被评为省级油茶专业镇，马图绿茶获批成为国家地理标志保护产品，新南方青蒿公司被纳入全国首批中医药服务贸易先行先试骨干企业建设名录。农业总产值35.12亿元，年均增长3.6%。金融对地方经济的支持力度加大，金融机构贷款余额超过60亿元，年均增长15.9%。

基础设施日臻完善、发展条件不断优化。"十二五"完成交通建设投资12.01亿元，年均递增18.6%。认真配合做好前期工作，梅汕高铁丰顺先行段顺利动工。升级改造国省道8千米、县乡公路148.6千米，完成新农村公路水泥硬底化改造543.5千米。争取水利资金7.2亿元，顺利完成省级小型农田水利重点县、小型灌区改造、城区堤防应急抢险、中小河流治理、农村饮水安全等项目，县城水管网改造、备用水源石联水库和县污水处理厂一期、二期建设全面完成，县城至海珠（丰顺）产业园供水管网建成供水。完成高标准基本农田建设约1 399.5公顷。

宜居城乡加快建设、生态优势明显提升。按照建设25平方千米、25万人口的梅州城市副中心和宜居宜业温泉城的目标，完成县城总体规划修编和丰顺新区概念规划与城市设计，总投资60多亿元的丰顺碧桂园、锦江美景城、千江苑、新蓝天、滨江湾、金溪源、皇轩江山、穗光花园、千江广场、客潮风情商业街、罗浮温泉综合体等一批重点项目建设顺利推进。常住人口城镇化率由43.3%提高到48%。深入开展城乡环境卫生综合整治，成功创建"广东省卫生县城"。八乡山、陶隍等特色镇建设扎实推进，建成梅溪、石桥、拾荷等美丽乡村示范点。加强大气污染防治，城区环境空气质量保持优良，水环境质量达标率保持100%。坚持多种树、种好树、严管护，完成森林碳汇工程建设约3.29万公顷，森林覆盖率达76.84%，比"十一五"末提高10.64个百分点，获评

"广东省林业生态县"。国家级可持续发展实验区建设通过科技部验收。

行政改革深入推进、发展活力不断增强。大力推进简政放权和职能转变,有效释放社会和市场活力。推进县政府机构改革,完成了卫生和计生、发改和物价合并组建及食品药品、工商和质监管理体制调整工作。推进简政强镇机构改革,建成覆盖县、镇两级审批事项集中到综合服务中心的服务平台,方便了群众、企业办事。审批事项压减46.59%,审批时限缩减50%,完成县直33个政府部门第一批权责事项合计6 276项。全面实施商事制度改革,各类市场主体近两年新增3 983户。扎实开展"三打两建"专项行动,有效净化了市场和社会环境。开展"质量强县"工作,提升经济增长质量和效益,培英公司获得首届市政府质量奖。政府部门83项"微改革、微创新"项目全面完成。建成覆盖县、镇、村的农村"三资"管理服务平台,农村基层治理水平有新提高。成立县公共资源交易中心,政府采购、工程建设、产权交易和土地出让等领域监管得到加强。稳步推进公务用车制度改革。国企改革遗留问题基本得到妥善解决。

社会事业加快发展、民生福祉日益增进。坚持每年办好一批民生实事,民生类财政支出累计96亿元,占一般公共财政支出比重达73%。城乡住户储蓄存款余额104.94亿元,比2010年增长88.1%,年均增长13.5%。逐年提高干部职工收入,实行财政统一发放津补贴,2015年全县干部职工收入平均6.6万元,比2012的3.1万元增长了1倍多。城镇新增就业18 524人、劳动力转移就业40 118人、培训劳动力59 100人,扶持创业1 639人,城镇登记失业率控制在2.4%。城乡居民养老保险参保率99.8%,新型农村合作医疗参合率100%。深化公立医院改革,县、镇医疗服务机构技术水准和服务水平有效提升。深华药业建成粤东规模最大的现代医药物流配送中心。筹资7亿多元，实现教育强镇全覆盖，如期创建"广东省教育强县"，顺利通过全国义务教育发展基本均衡县督导验收。成功获批"原中央苏区县"。传统古村落、古民居和"火龙"、纸花等非物质文化遗产得到有效传承保护，新增市级以上文物保护单位10个。建成14个农村文化俱乐部试点，县级多厅数字影院投入使用，建成16个乡镇公共电子阅览室、263个行政村（社区）文化室、2个社区体育小公园、17个镇级农民健身工程。信息基础设施建设成效明显，宽带网络、有线电视网络实现行政村全覆盖。全面完成两轮扶贫开发"双到"任务，省定168个贫困村集体经济平均收入达9.4万元以上，14 586户、56 321名相对贫困人口人均可支配收入达8 496.5元。打造了一批社会工作亮点。坚持人口均衡发展，落实计生惠民和"单独两孩"政策。全面完成"六五"普法任务，"一村（社区）一法律顾问"全面铺开。扎实推进"平安丰顺"创建，坚持打防结合，注重源头防控，妥善化解矛盾纠纷，2014年成为全省13个"命案"零发案县级地区之一，群众的安全感和满意度日益提升。全县信访总量逐年下降，积案存量逐步减少，县综治信访维稳中心被省评为优秀中心。严格落实安全生产责任制，从严、从实、从细排查化解安全生产事故隐患，扎实开展食品药品等安全专项整治，安全生产形势持续稳定。老年人、残疾人、妇女儿童等事业有新的进步。

第二节 扶贫攻坚谱新章

一、丰顺县脱贫攻坚十项工程

（一）实施产业发展扶贫工程

大力发展特色优势产业，挖掘资源优势，实施"一村一品、一镇一业"工程，做大做强橄榄、番薯、茶叶等特色农业，打造特色优势产业。发展农产品加工业，搭建农产品交易平台，加快一、二、三产业融合发展，让贫困户更多分享农业全产业链和价值链增值收益。大力发展农业合作组织，鼓励贫困村每村建立1个农民专业合作社，培育发展一批农业龙头企业、扶贫农业龙头企业、家庭农（林）场和种养大户，使有劳动能力的贫困户按其意愿每户至少1人能进入务工。对直接吸纳贫困户务工、参股、带动增收效果好的重点农业龙头企业、扶贫农业龙头企业和农业合作组织在财政扶贫资金、扶贫贴息贷款及税收优惠等方面给予支持。

大力实施旅游扶贫开发。抓好贫困村旅游扶贫试点建设，鼓励扶贫资金、社会资金参与旅游开发，把推进贫困村脱贫与美丽乡村建设统一起来，纳入梅江韩江（丰顺）绿色健康文化旅游产业带建设节点，统筹规划，连片开发，利用自然生态、森林资源、客家民俗、红色文化发展休闲旅游、健康养生旅游产业，大力发展家庭农场和农旅综合体。

加大"互联网+精准扶贫"扶持力度。推进电商扶贫示范基地建设，重视农村电商人才培训，加强进村入户电商平台、物流配送体系和金融服务体系建设，解决农产品销售难和农民融资难问题。

（二）实施劳动力就业扶贫工程

提高贫困人口就业能力，深入开展相对贫困户劳动力技能、转移就业和农民适用技术、科技扶贫等各类培训工作，以就业为导向，提高培训的针对性和有效性。落实贫困家庭子女就业促进计划，鼓励职业院校和技工院校招收贫困家庭子女，进一步提高职业技能培训补贴标准，确保有培训意愿的贫困家庭劳动力至少参加一次技能提升培训，实现靠技能脱贫。

加强面向扶贫人口的就业服务。支持建立基层劳动就业和社会保障服务平台。优先推进贫困家庭学生高质量就业。实施"家门口"就业计划，在有条件的镇、村可创建"扶贫车间""扶贫工作坊"等。实施公益性岗位安置，相关部门在道路养护、园林维护、山林看护、治安巡逻、城管交通、环卫保洁、安全管理等公益性岗位中，优先安排一定比例的贫困劳动力就业。鼓励各类企业吸纳贫困劳动力。支持创业致富带头人在相对贫困村创办各类企业，带动当地贫困人口就业。结合扶持发展特色产业，加强贫困劳动力培训就业与扶持产业园区发展的对接，提高贫困人口产业发展的参与度。

（三）实施社会保障扶贫工程

完善农村最低生活保障制度，对无法依靠产业扶持和就业帮助脱贫的家庭实行政策性保障兜底。进一步完善农村最低生活保障制度，并与扶贫开发政策有效衔接，将所有符合条件的贫困家庭纳入低保范围，做到应保尽保。加快完善城乡居民基本养老保险制度，引导贫困人员积极参保续保。建立健全农村留守儿童、留守妇女、留守老人和残疾人关爱服务体系，加强救助保护机构服务设施和队伍建设，完善政府和社会力量相衔接的关爱服务网络，引导和鼓励更多社会力量参与服务工作。

（四）实施医疗保险和医疗救助保障扶贫工程

构建全面覆盖贫困群众的基本医疗卫生制度，稳步推进基本公共卫生服务均等化，努力防止因病致贫、因病返贫。落实政府全额资助贫困人口参加城乡居民基本医疗保险政策，健全完善普通门诊统筹制度，进一步提高支付比例，切实减轻贫困人口医疗费用负担。加大医疗救助帮扶力度，将贫困人口全部纳入重特大疾病救助范围。落实大病保险政策，各项医保政策报销后的合规医疗费用按照不低于70%的比例给予补助，使贫困人口大病医治得到有效保障。完善县镇村三级医疗卫生服务网络标准化建设。

（五）实施基础设施建设扶贫工程

大力推进贫困村农田水利、道路交通、饮水安全、供电通信和环境卫生等基础设施建设，全面改善贫困村的交通条件和发展环境。优先在贫困村实施公路、危桥改造项目，重点推进200人以上的自然村道路硬底化建设，提高建设补助标准。实施贫困村农村饮水安全巩固提升工程，着力解决贫困村饮水安全问题，努力实现村村通自来水。对农村公益性基础设施管理养护给予支持。加快农网改造升级，全面提升农网供电能力和供电质量，提升贫困村电力普遍服务水平。推进光伏开发。加大农村信息化投入，统筹推进贫困村广播电视和宽带网络基础设施建设，推进光纤、4G网络入乡进村，提高信息化发展水平。

（六）实施教育扶贫工程

大力推进教育扶贫，让贫困家庭子女都能接受公平有质量的教育，防止贫困代际传递。进一步扩大公益性普惠性学前教育资源覆盖面，科学规划义务教育学校设置，帮助改善义务教育学校办学条件。普及高中阶段教育，继续对建档立卡家庭经济困难学生实施普通高中教育和中等职业（含技校）教育免除学杂费，进一步加大对贫困学生的资助力度。加强乡村教师队伍建设，落实好中小学教师工资福利待遇"两相当"。积极推进文化扶贫，完善贫困村文化基础设施建设，实施文化惠民扶贫项目，鼓励文化单位、文艺工作者和其他社会力量提供针对性强的文化产品和服务。

（七）实施人居环境改善扶贫工程

加快推进农村危房改造，通过加大各级财政投入、金融支持、对口帮扶、社会捐资、建立村级互助金等方式，多渠道筹集资金帮助贫困户完成农村危房改造，全面完成贫困户危房改造建设任务。有条件的镇（场）要积极将居住危房的"五保户"安排入驻现有敬老机构，未能安排入住敬老机构的，可按乡村集中简易建房安置。继续巩固"两不具备"搬迁成果。按照建设社会主义新农村的要求和"一村一策"的思路，对贫困村内基础设施建设、公共服务项目以及发展特色产业等进行统一规划，集中安排，规划到村，分步实施，整村推进。加大贫困村生活垃圾处理、污水治理、改厕和村庄绿化美化净化力度，实现旧村新貌。

加大生态保护修复力度，对生存条件差但生态系统需要重点保护修复的地区，要结合生态环境保护和治理，探索绿色脱贫新路子。要着力整治农业面源污染和开展土壤污染防治，优化生态公益林布局，落实生态公益林分类补偿制度，提高补偿标准。

（八）实施农村金融扶贫工程

发挥金融助推脱贫攻坚的作用，全面开展贫困村普惠金融工作，积极开展扶贫金融产品和服务方式创新，贫困村村村设立金融（保险）服务站和助农取款点，村村开展信用村建设。加强金融机构、扶贫及相关部门之间的协调合作和信息共享，引导金融资源重点投向能带动贫困户创业就业的特色产业、龙头企业等扶贫重点项目，鼓励针对贫困户需求特点发展创业、助学等各类扶贫小额贷款业务。发挥再贷款、再贴现、差异化监管等政策的激励作用，加强金融与财税政策的配合，有效整合各类财政扶贫资金，对贫困户小额贷款给予贴息和担保。推进农业"政银保"项目建设，进一步扩大政策性农业保险覆盖面，为贫困户生产经营提供风险保障。

（九）实施固本强基扶贫工程

着力选好配强镇（场）领导班子，镇（场）党政主要领导驻点贫困村，落实驻点普遍联系群众制度，帮助贫困村解决基层治理基础性源头性问题。根据《关于做好新时期精准扶贫精准脱贫三年攻坚驻村工作队和第一书记选派管理工作的意见》文件要求，广州市帮扶的43个相对贫困村要从市、县机关事业单位各选派1名优秀科级干部到定点帮扶村驻村，担任帮扶村第一书记兼驻村工作队副队长，其中市委组织部选派23名市直单位干部任帮扶村第一书记，其他20名由县委组织部从县机关企事业单位选派。要选优配强村"两委"班子，充分发挥贫困村党组织战斗堡垒作用和党员先锋模范作用，持续整顿软弱涣散党组织，强化村党组织的人事安排权、重要事项决定权、领导保障权和管理监督权，规范实施班子联席会议制度和党群联席会议制度。加强贫困村干部和党员的技能培训，实行党员包户联系群众制度，提高党员带领群众脱贫致富的能力。

（十）实施对口帮扶工程

坚持自我发展与外力帮扶并举，加快形成专项扶贫、行业扶贫、社会扶贫有机结合、互为补充的"三位一体"大扶贫格局。建立健全丰顺县与广州市海珠区、花都区对口帮扶协调联动机制，推动在产业对接、文化旅游、教育医疗、人才培养、干部培训等方面深化合作。

动员全社会力量广泛参与扶贫事业，积极探索政府向社会购买扶贫开发服务,开展扶贫志愿者行动,鼓励引导各类社会组织和志愿者以及教育、科技、医疗等行业人员到贫困地区服务。

二、发展特色产业,推动脱贫攻坚

产业是经济发展的基础和支柱。丰顺县的特色产业,为丰顺老区经济社会的发展,注入了活力和生机。

(一)特色工业产业的崛起壮大,为丰顺老区城乡劳力提供了宽广的就业平台

以丰顺电声产业的从业人员为例,现在从业人员已经达到3.8万人。这众多的从业人员中,不少是来自外省、市的民工,但丰顺县内的务工人员还是占了一半以上,有人称这产业是"家门口和没有围墙的(工厂)"产业,由此,许多闲空人员尤其是家庭妇女,都可以到工厂领料回家,按质量要求加工,然后按量(件)取酬,增加了家庭收入。在企业的务工人员,人均月工资收入都可以达到3 000元以上。县内贫困家庭,有劳力从业以后,便有了稳定收入,从而摆脱了困境。这种实例比比皆是。

丰顺县电声产业创始于20世纪70年代末,经过30多年的发展,目前已经形成了一定规模的产业集聚。丰顺县先后被评为广东省电声器材产业基地、广东电声之都、广东省电声产业集群升级示范区、中国电声出口共建基地、广东省外贸转型升级专业型示范基地、广东省出口电声产品质量安全示范区、广东省产业集群区域品牌建设试点和全国产业集群区域品牌建设试点。

近年来,丰顺县围绕建设"中国电声之都"目标,致力打造百亿产业集群,抓住市场变化,创新技术,引进人才,开拓市场,打造政企互动,以创新型企业为代表的产业园区,进一步形成转型升级、产业集群效应。2016年全县电声产值92亿元,规模以上电声企业32家,其中产值亿元以上的企业8家。至2017年年

底，丰顺县电声产业总产值超过了100亿元。名副其实的丰顺特色产业，又迈上了新的台阶。

丰顺温氏养殖产业的发展，同样为老区群众打开了一条从业致富之路。现在，温氏养鸡分布在汤西、埔寨、丰良、潘田、建桥、北斗等镇，计有800多家，出栏量每年达2 000万只以上，有3 000多名劳动力从业。养鸡户中，不少已经成为当地的率先致富者，成为脱贫致富的带头人。

（二）农业特色产业为老区群众脱贫致富提供了对号入座的多项选择

（1）农业产业化是实现农业可持续发展，提高农业生产附加值，增加农民收入的必然选择。农业生产关联广大农村千家万户。丰顺县坚持"创新、协调、绿色、开放、共享"的发展理念，大力发展现代特色农业。至2016年底，全县水果种植面积约7 733.33公顷，茶叶3 520公顷，其中优质茶叶1 473.33公顷。与此同时，无公害蔬菜、优质水产养殖等也得到了较大发展。

（2）丰顺县拥有省级重点农业龙头企业7家，市级重点农业龙头企业20家。按照"企业+基地+农户"模式，建成产业化经营种养基地30多个，面积约4.67万公顷，参与农户7万多户。全县形成了3个专业镇、60多个专业村、445个专业合作组织、500多个专业大户的新型农业经营主体结构。2017年年底，全县在茶叶、水果、农副产品、水产等领域获得了6个绿色食品认证证书，为这些产品的市场开拓了新的前景。

（3）市场前景看好又接丰顺地气的新产业项目陆续落户县域各地。丰顺县的土质气候非常适宜黄栀子种植生长。黄栀子是一种传统中药，果、根等用途十分广泛，同时又是一种加工环保、绿色有机安全色素，产品有着当前和未来的广阔市场。县内汤坑、汤西、北斗、埔寨、建桥、��隍等6个镇，种植面积已经超过266公顷。丰顺县计划打造成为全市乃至粤东地区最大的黄栀子育苗和种植基地。

（4）注重把科技创新驱动发展精致高效农业行动引向深入。丰顺县致力推动农业机械化进程，提升老区的产业发展水平。八乡山茶叶股份有限公司与科技部门联手开展科技养殖种植示范户工程建设，农机部门把落实农机购置补贴政策，作为推动农业机械化工作的抓手，努力让农业机械进入生产农户，解放劳动力，提高生产率。八乡山镇婵联村，位于该镇西南边陲，全村430户，2 183人，是海拔600多米的种茶专业村。现在与茶叶生产相关的机械，几乎进入了所有农户。茶农拥有了采茶机、揉捻机、炒茶机、选梗机、筛茶机、电动茶叶风选机等专用机械，既提高了劳动效率又提升了产品质量。比如采茶机，熟练人员每天可采1 000斤以上。现在，婵联村群山、田野全部种茶，总面积已经达到约33.33公顷，人均0.13公顷，茶产量超40吨，产值2 000多万元。面积、产量、产值分别为2007年的1倍、3倍和5倍。全村8成以上农户购置了机动车，建造了新楼房。昔日的穷山恶水，今天变成了金山银山。

（三）特色产品的发展让老区村庄华丽转身

产业是人们赖以生存和发展的基础，产业的发展可以驱走贫穷，打破封闭，托起希望。丰顺东部的少数民族畲族凤坪村，全村800多人。几年来，就是优质茶叶的发展，让山村发生了巨变。每年春分、清明季节，这里都会出现百以千计、来自东西南北的采茶妇女，受雇于当地茶农抢收春茶。采茶女每天工资100元以上，雇主包她们吃住、包她们旅途来回。当地群众说这是他们村全年最为热闹的时日。该村的茶园面积约733.33公顷，产茶15吨，产值约3 000万元。村民都住上了新楼房，开起了小汽车。山村早就今非昔比了。

龙岗镇马图村，是广东省著名的老区村，地势平均海拔400多米，原是一个边远的高寒山村。共和国有朱德等5位元帅，有李井泉等2位政治局委员，有粟裕等3位大将以及丰顺籍的李坚真等无产阶级革命家在这里从事过革命活动。全村有785户，3 900多人。近10年以来，该村继承和发展了传统的绿茶产业，在原有不到67公顷传统绿茶园的基础上，发展到现在的530多公顷。全村人均茶叶收入，由2006年的不到1 000元，增加到2017年的4 000元以上。

马图村依靠名茶产业的发展，造就了全村9成农户的新楼房，同时托起了四成村民到城市的买房梦。全村700多户农户中，至少有300户在梅州市城区买了房子（供孩子在梅州城区读书等使用）。该村在中央专项公益支持资金支持下，修筑了741米的马图南路、2 800米的马图北路、8 877米的茶园公路，改造了一溪两岸，实现了3 000米大道硬底化，安装了路灯，村容村貌焕然一新。

潭江镇官下村，县、镇瞄准这里的海拔地势特点，着力在这里建设1 000公顷的高山茗茶生产基地。发展优质茶叶的效益和前景，极大地调动了村民种茶的积极性，许多在外打工的村民也纷纷回乡垦地种茶。村民张瑞攀，原来在深圳当一名老板，2017年也回乡种了1 000多株优质高山茶。落户当地的顺兴公司，2017年鲜茶叶的收购价格，每500克18~21元。全村已经种植发展了460多公顷，2016年茶叶产量15吨，人均茶叶收入超过3 000元。

产业发展改变了官溪村。现在村庄小河两岸石砌堤墙，大道路灯，景观林木、整齐美观。石桥、亭阁、学校、广场、民居、商店、坐落有致。鳞次栉比的民居楼房，点缀在青山绿水之间。2017年2月7日，藏族女歌唱家降央卓玛应邀来到该村参加文化活动，走下车子，就对人们说，她是从城市动身，途中经过山村，又来到了一座城市。降央卓玛这里说的"城市",就是丰顺县潭江镇官溪村。

三、促进老区发展的新举措

丰顺县委、县政府突出综合改革和产业帮扶,扎实推进新农村示范村建设工作,做出了多项决策举措。主要内容有:

(一)突出创新实施产业帮扶,坚持把发展生产扶贫作为主攻方向,大力夯实扶贫工作基础

一是以特色种养项目增加贫困户收入。因地制宜发展种养产业,对有生产能力及生产意愿的建档立卡贫困户,利用"6·30"扶贫济困日捐款,采取以奖代补形式进行适当资金激励。对种植茶叶、油茶、橄榄等特色农产品1亩(约0.07公顷)以上且长势良好的,每亩奖补1 200元;养殖鱼塘10个月以上的,每亩奖补500元;养殖"三鸟"20只以上的,每只奖补5元;养殖牛一头6个月以上的,每头牛奖补1 500元;养殖羊一头6个月以上的,每头奖补200元;其他特色养殖按大中小等次分别奖补4 500元、3 500元、3 000元;单户奖补金额每年不超过4 500元。通过激励机制,激发贫困户脱贫内生动力,确保贫困户年人均增收500元以上。

二是以资产性收益增加贫困户收入。依托广东天亿公司(韩山生态旅游度假区)和广东蓝田农业公司(生产食用菌)等信誉好、实力强的省级农业龙头企业实施旅游扶贫、扶贫生产线,确保贫困户有一份稳定的资产性收益。统筹"6·30"扶贫济困日社会捐款2亿元,其中安排1.5亿元注入蓝田公司,开辟约3.33公顷的扶贫生产线;安排0.5亿元注入天亿公司,开辟约133.33公顷高山生态茶园,发展旅游产业。每年分别回报1 500万元和500万元作为资产收益,对扶贫对象进行帮扶,贫困人口年均分红2 000

元左右。同时，蓝田公司将无偿提供菌种给贫困户种植，公司统一回收销售；两个公司分别为贫困户提供100个和500个就业岗位，确保贫困户就业人员月均工资3 000元以上。

三是实施健康和科技扶贫工程。发动社会各界捐款，依托县人民医院、县中医院、县妇幼保健院开展健康扶贫工程，以县中医院为试点单位，为贫困户和全县妇女减免住院手术费用中，除去医保和民政报销之后的所有费用，封顶为1 500元/次，着力解决贫困家庭大病、慢性病就医难问题。由广州市花都区政府投入400万元到广州黑马集团，黑马集团以成本价提供节能减排设备和技术支持给广东蓝田农业公司，蓝田公司年可节约用电300万元，蓝田公司将节能收益回馈给贫困户，确保花都区帮扶村贫困户年人均增收500元左右，既发展了新能源，又实现了脱贫增收。

（二）突出统筹建设一批新农村示范村

围绕首先建设一批新农村示范村的目标，精心抓好"五村连片十村连动"工程，同步推进61个省定相对贫困村新农村示范村建设，以更高的质量做好扶贫工作，提升基本公共服务，改善农村生产生活条件。

精心实施"五村连片十村连动"工程。将发展基础较好、带动能力较强的陇隍镇砂汤、上围、九河、葛布、田站5个行政村连片规划为省级新农村连片建设示范工程，带动周边其他5个行政村的联动发展。聘请专业规划设计团队，以村为单位，根据人口、产业、环境等特点，高起点高标准编制示范片总体概念性规划和近中远期规划，将示范片内五个村进行功能定位和布局设计，形成连片发展、示范带动作用。

重点建设61个省定相对贫困村新农村示范村。借助帮扶单位力量，将相对贫困村创建新农村示范村工作纳入帮扶计划。优先实施省定贫困村村庄人居环境综合整治，开展以垃圾、污水治理为主要内容的人居环境综合整治，不断完善、推进村庄基础设施建设，梳理农村人居环境工程项目，统筹打包建立项目库，启动省定贫困村道路、供排水、供电、通信网络等基础设施建设，推动规划项目实施。

统筹推进面上新农村示范村建设。加强村庄规划加强村容村貌管理，尽快完成示范村全面村庄规划编制和"六乱"整治。实施清洁工程，落实村庄保洁制度，示范村村庄保洁覆盖面达到99%，农村生活垃圾有效处理率90%以上，分类减量率50%。实施村村通光纤工程，逐步实施4G网络入乡进村工程，实现示范村网络全覆盖。加快村村通自来水工程建设，村村通自来水。推进乡村绿化美化建设工程，示范村绿化覆盖率达到30%以上，村庄主干道和公共场所路灯安装率达到95%。

（三）突出扎实推进农村综合改革

通过新一轮的农村综合改革，努力实现农村环境面貌明显改善，贫困农民收入明显提高，现代农业经营体系初步完善，农村社会治理能力明显提升，城市带动农村效益明显增强的总体目标。

一是推动"四位一体"农村综合改革。以产权和治权联动为主题，以精准扶贫、美丽乡村建设、现代农业发展和新型城镇化四个方面为主要抓手，开展中央农办农村综合改革试验联系点项目，创新"党引民治，多元共建"基层治理新机制，着力解决现阶段农村综合改革发展中农村基层党组织涣散、领导核心作用不强等问题，努力实现农村资源变资产、治理更有效、利益能共享、城乡共发展、改革可持续。

二是开展土地确权工作。以农村产权确认作为基础工作，推动农村资产股份化、土地股权化，资源变股权，让沉睡资源激活起来。

　　三是实施扶贫村提升工程。重点推进相对贫困村200人以上自然村道路路面硬化建设。集中培育发展一批农业龙头企业、家庭农（林）场和种养大户，鼓励相对贫困村连片提升区域建立农民专业合作社。因地制宜扶持相对贫困村和贫困户发展林下经济。围绕义务教育、公共卫生和基本医疗、基本社会保障、公共就业服务等区域，特别是分散贫困户实行全程代办服务。连片推进农村资源变资产、资金变股金、农民变股东改革的"三变"改革。

第三节 经济社会发展情况

一、高举伟大旗帜，加快丰顺振兴发展

（一）以习近平新时代中国特色社会主义思想为丰顺发展的行动指南

党的十九大概括并提出了习近平新时代中国特色社会主义思想，将其确立为党必须长期坚持的指导思想并写进党章，实现了党的指导思想与时俱进。十三届全国人大一次会议通过的宪法修正案，郑重地把习近平新时代中国特色社会主义思想载入宪法，实现了从党的指导思想向国家指导思想的转化，实现了国家指导思想的与时俱进。习近平新时代中国特色社会主义思想是马克思主义中国化的最新成果，是党和人民实践经验和集体智慧的结晶，是国家政治生活和社会生活的根本指针。

党的十九大后，中共丰顺县委、县人民政府认真组织全县各级、各部门及社会各界群众学习贯彻十九大精神，深刻领会习近平新时代中国特色社会主义思想的重大意义、科学体系、丰富内涵、实践要求。县委、县政府高举习近平新时代中国特色社会主义思想伟大旗帜，围绕党中央、省委、市委提出的新目标、新任务，统筹谋划"十三五"规划，以更加解放的思想，更加扎实的作风，加快丰顺的振兴发展。

丰顺县委提出，要让习近平新时代中国特色社会主义思想在丰顺大地落地生根，结出丰硕果实。在各项工作中，要坚持把政

治建设摆在首要位置，始终在思想上政治上行动上同以习近平同志为核心的党中央保持高度一致，沿着正确的方向坚毅前行，努力在新时代干出新气象、实现新作为。要坚定不移贯彻新发展理念，以供给侧结构性改革为主线，着力推动生产性有效投资和产业转型升级。要坚持以人民为中心的发展思想，着力办好民生实事，提升公共服务水平，努力解决人民群众最关心最直接最现实的利益问题，让人民群众得到更多实惠。要加强对全面依法治县工作的领导，落实党政主要负责人法治建设责任，加快法治政府和基层法治建设。

丰顺县委提出，贯彻落实习近平新时代中国特色社会主义经济思想，要做到"七个坚持"：一要坚持加强党对经济工作的集中统一领导，不折不扣贯彻落实中共中央和省委、市委的决策部署，不断完善党委领导经济工作的体制机制，提高发展经济的专业化本领；二要坚持以人民为中心的发展思想，坚定践行根本宗旨，带领人民群众通过不懈奋斗创造美好生活；三要坚持适应把握引领经济发展新常态，遵循经济发展规律，坚定贯彻新发展理念，努力实现更高质量、更加公平、更可持续的发展；四要坚持使市场在资源配置中起决定性作用，更好发挥政府作用，不断深化经济体制改革，建设法治化国际化营商环境；五要坚持适应国家经济发展主要矛盾变化，深入推进供给侧结构性改革，以高水平供给满足人民群众升级变化的需求；六要坚持问题导向部署经济发展新战略，进一步深化对县情的认识，积极破解发展不平衡不充分问题；七要坚持正确工作策略和方法，稳中求进，保持定力，坚守底线，把雷厉风行与久久为功结合起来，一步一个脚印向前迈进。

丰顺县委提出，要结合丰顺实际，注意把握好"三个关系"。一要正确处理稳和进的关系。稳是主基调、是大局，要保持足够的发展耐心，做到经济运行、社会预期要稳定，风险、民生、环保等底线要稳守。在稳的前提下要奋发有为，把前进的方向和目标落到提高发展质量和效益上。二要正确处理市场作用和政府作用的关系。既要"有效"的市场，也要"有为"的政府。三要不断提高市场化程度，推动资源配置效益最大化和效率最优化。

丰顺县委提出，要坚定不移地贯彻高质量发展的根本要求，推动全县经济发展从规模扩张转向质量提高，切实增强推动高质量发展的自觉性和坚定性。保护好青山绿水，是赖以发展的优势和潜力所在。要牢固树立符合高质量发展要求的正确政绩观，积极探索生态富民强县新路子，努力实现美丽与发展共赢。要坚持质量第一，效益优先，牢牢把握供给侧结构性改革的工作主线，牢牢把握质量变革、效率变革、动力变革的基本路径，牢牢把握加快协同发展的产业体系这一着力点，牢牢把握构建社会主义市场经济体系这一制度保障，促进转型升级、跨越发展。

丰顺县委提出，要深刻领会、坚定不移地走中国特色社会主义乡村振兴道路，书写新时代丰顺"三农"工作新篇章。要把实施乡村振兴战略摆在突出位置，坚持农业、农村优先发展，尽快补齐"三农"短板，科学谋划乡村振兴工作，确保年年都有新气象、年年都有新变化。统筹乡村振兴和城市发展。城市和乡村互促互进、共生共存。要坚持以工补农、以城带乡，推动形成工农互促、城乡互补、全面融合、共同繁荣的新型工农城乡关系，实现城市与乡村相得益彰，确保与全省全市同步全面建成小康社会。

丰顺县委提出，进入新时代，要把生态富民强县的目标项目化、具体化，落实到经济社会的各个方面各个领域，推动形成人与自然和谐发展的现代化建设。要珍惜今天来之不易的大好局面,要大力弘扬苏区精神、积极传承红色基因,要拿出革命先辈不怕牺牲的大无畏精神,拿出改革开放开创者们敢为人先的担当精神,以永不懈怠的精神状态和一往无前的奋斗姿态,团结带领全县干部群众万众一心、艰苦奋斗,实现新的发展,迈向更加美好的未来。

丰顺县委提出,要以决胜全面小康社会为目标,坚决打好精准脱贫攻坚战,污染防治攻坚战。要发展壮大工业经济,做大农产品精深加工业,做旺健康养生产业。要以完善基础设施建设为抓手,推动城乡一体化加快发展。要加快县城扩容提质,大力创建特色小镇,打造客潮文化相融的都市田园综合体。要积极培育新型职业农民,注重传承发展提升农耕文明,形成文明乡风、良好家风、淳朴民风,焕发文明新气象。要紧扣社会主要矛盾新变化,坚持以改革创新为动力,在要素驱动、转型发展上取得新突破,进一步解放和发展社会生产力、解放和增加全社会创造活力,不断开创全面建成小康社会新局面。

(二)改革创新,确保实现"十三五"目标

"十三五"时期,广东要率先全面建成小康社会,省委提出在2018年实现这一目标。丰顺县委、县政府带领全县干部群众,主动融入全省大局,保持战略定力,围绕振兴发展主线,进一步解放思想、改革创新,突出重点、集中突破,推动"十三五"时期各项工作任务的落实。对此,丰顺县采取了五项措施。

一要更新理念,引领发展实践。落实创新、协调、绿色、开放、共享的发展理念。在工作过程中,做到如下"五个坚持":

坚持创新发展,着力提升发展质量和效益。创新是发展的第一动力,是提升质量和效益的源泉。要发挥原中央苏区优势,打破原有思维定式,在推进理论创新、制度创新、科技创新、文化创新的同时,尤其要通过项目创新、技术创新、载体创新、市场创新，形成对接国家和省苏区政策的新机制，把政策优势转化为发展优势，把政策资源转化为创新资源，加快发展，壮大总量，做强质量，做优效益，走出一条创新立县的路子。

坚持协调发展，着力增强发展整体性。针对丰顺经济欠发达的现状尚未根本改变，尤其是工业发展不足、城镇化进程滞后、城乡发展不平衡的实际，谋划实施"一区一带"战略，推进园区、城区、交通基础设施建设，既抓区域发展又抓产业建设，既抓工业又抓文化生态，既抓经济又抓基础设施建设统筹推进城乡一体化发展。

坚持绿色发展，着力增强发展可持续性。丰顺有良好的生态环境和独特的客潮文化资源，但也面临着加快发展与保护环境的双重压力。坚持绿色发展，要在发展中保护、保护中发展。在发展产业过程中，注入环保理念、建设环保设施，发展环保经济，探索生产发展、生活富裕、生态良好的可持续发展道路，实现山更绿、水更清、天更蓝。

坚持开放发展，着力推动区域合作共赢。要把握国家"一带一路"建设、中国（广东）自由贸易试验区建设的重大机遇，充分发挥"华侨之乡""近海临空"的优势，利用国际、国内两种资源两个市场，对接珠三角，融入汕潮揭，借力海西区，加强与东南亚等国家和港澳台等地区的交流合作，全方位推进对外开放，在扩大开放中拓展发展空间、增创发展优势。

坚持共享发展，着力增强人民群众获得感。让发展成果更好地覆盖城乡。要顺应人民群众过上美好生活的新期待，按照人人参与、人人尽力、人人享有的要求，持续推进就业、就读、就医和社会保障基本民生改善，让人民群众在共建中更好地共享改革发展成果。

二要下大力气，补齐发展短板。围绕振兴发展目标，采取更加有力措施补齐短板，建设更具幸福感的全面小康社会。

补齐产业发展短板。要认真落实振兴实体经济、调整产业结构的相关政策，加快先进制造业、现代服务业、现代农业体系建设，培育一批战略性产业，推动新技术、新产业、新业态蓬勃发展。一是建设产业平台。集中力量加快"一区一带"发展平台建设，力争通过五年的努力，丰顺新区起步区建设基本完成，梅江韩江（丰顺）绿色健康文化旅游产业带活力彰显。二是培育主导产业。贯彻落实《中国制造2025》和《广东省智能制造发展规划》，改造提升电声传统产业，促进智能化、绿色化发展。打造全省重要的绿色饲料生产基地。大力发展文化旅游、生态休闲、健康疗养、温泉养生等新业态。大力发展特色高效农业，发展大宗农产品和精深加工，促进农旅融合发展。培育发展新医药、新材料、新能源等战略性新兴产业和电子商务、云计算、物联网、大数据、金融、物流等现代服务业。三是打造品牌产品。围绕产业链，打造创新链、提升价值链，出台系列政策，支持企业做大做强，打造若干主营业务收入超10亿元企业。支持企业加强品牌建设，着力打造电声、绿茶、食用菌、红薯等一批"丰顺"字号品牌。

补齐扶贫开发短板。"十三五"时期，要紧盯与全国、全省同步全面建成小康社会的目标，精准扶贫、精准脱贫，提高扶贫实效。要坚持开发性扶贫，增强贫困村发展能力。要借力广州市海珠区全面对口帮扶，广泛动员社会力量参与扶贫开发，坚决打赢脱贫攻坚战。

补齐民生社会事业短板。改革开放以来，丰顺县公共服务有了很大改善，但教育、医疗、就业总体水平偏低。职业教育明显不适应产业建设的需求，劳动力技术水平低；优质医疗资源布局严重不均衡；就业主要靠外出打工，难以吸引新生劳动力和外来人口，人才外流严重。力求从群众最现实最关心最直接的问题抓起，坚持每年抓好"十件民生实事"，持续推进重点民生改善，更好地为市民提供就读、就医、就业、社会保障等公共服务。

三要创新驱动，切换发展动力。要把发展的基点放在创新上，坚定不移地实施创新驱动发展战略。

借外促内，构建自主创新体系。实施创新驱动发展，首先要解决科技从哪里来的问题。丰顺虽然高校、科研机构不多，但丰顺与华南理工大学、南京大学、广州大学、工信部电子五所等13所高校和科研院所建立了良好合作关系，这是丰顺宝贵的创新资源。要加强引导，借外促内，强化政策支撑，探索公共财政支持创新发展的新机制新方法，力促企业与科研院所、名校名家共建产学研联盟，扶持骨干企业实施一批重大科技专项和重大技术攻关，推进成果转化，打造出有市场竞争力的产品。

抓大扶小，发展高新技术企业。要把培育高新技术企业作为"牛鼻子"，建立一套管用的机制，巩固壮大一批，储备发展一批，孵化培育一批，争取"十三五"期末全县高新技术企业达到12家，高新技术产品产值达到20亿元，真正使创新成为经济活动。对现有的高新技术企业要采取"一企一策"的措施，指定部门牵头，建立领导挂钩指导机制，扶持发展新的产品群、产业群。要引导和推动重点企业，通过增资扩产、设备更新、智能化改造等途径，加强核心技术攻关，建成高新技术领军企业。中小微企业量多面广，在创新驱动发展中的作用不可或缺，要加大对中小微企业的扶持力度，鼓励大众创业、万众创新，形成创新发展新局面。

招才引智，建设创新人才队伍。人才是创新的第一资源。要坚持把人才作为增强自主创新能力的关键，深入实施人才强县战略，依托梅州市"引进高素质人才计划"，面向国内外招引配置丰顺县重点领域急需的各种高层次人才，特别是科技创新、专业服务、跨国经营等高精尖人才。要着力推进企业经营管理人才、专业技术人才、高技能人才等队伍建设，为丰顺县创新发展提供人才支持。

四要优化环境，打造发展支撑。"十三五"时期要推动发展再上新台阶，一手抓软环境、一手抓硬环境，依靠良好的环境集聚资源加快自身发展。

营造国际化法治化便利化市场环境。在经济发展新常态，特别是在全面深化改革和全面依法治国的大背景下，要发挥市场在资源配置中的决定性作用和更好发挥政府的作用，进一步打造市场化、国际化、法治化发展环境新优势，为丰顺新一轮发展提供有力支撑。打造市场化环境，首要是推动政府职能转变，继续扭住行政审批制度改革这个关键，加快推动政府简政放权、放管结合，解决多头审批、互为前置、权责脱节等突出问题；抓好市场监管和秩序规范，清理涉企收费，降低企业综合成本，确保各类市场主体依法经营、公平竞争。打造国际化环境，关键是进一步扩大开放，发挥"中国电声出口共建基地"优势，在扩大开放中加快与国际接轨，为丰顺县企业更好地引进来、走出去，开展经贸合作、开拓国际市场提供有效服务。打造法治化环境，根本是全面推进依法治县，深入推进依法执政、严格执法、公正司法、全民守法。要扎实推进"平安丰顺"建设，严厉打击刑事犯罪，保持打击犯罪高压态势，加快完善社会治安立体防控体系，做好化解社会矛盾工作，加强信访维稳工作，切实维护社会稳定。

增创文化生态环境新优势。要进一步发挥"好山好水好生态、融客融潮融世界"的优势，把生态文化当作招商引资软实力，作为发展新技术、新产业、新业态的重要资源，在经济活动中加以宣传和运用。要加快重点生态工程建设，加强森林和湿地保护管理，巩固和提升"广东林业生态县"创建成果，争取列入国家重点生态功能区规划。要加快葛布水利枢纽工程建设，推进总投资5.43亿元315.4千米中小河流治理工程，建设绿色生态水系。要加强公共文化服务体系建设，传承创新客潮优秀传统文化，加强全民思想道德建设，发展文化创意产业，促进文化大发展大繁荣。

改善对外快速交通环境。要抢抓机遇加快推进高速公路建设，统筹推进公路、铁路项目建设，加快建设覆盖全县、贯通周边的快速综合交通运输体系。要在"对外快速连通"上下功夫，全力做好梅汕高铁和大丰华高速公路服务保障工作，力争早日打通出县大动脉。要在"对内便捷畅通"上下功夫，把城区交通、园区交通、景区交通、乡村交通摆上重要议事日程，着手启动大外环快速干线规划建设，促进产城联动、城乡互动。推进国省道改造工程，完善县乡公路路网，提升旅游干线等级。

五要加强领导，提升发展能力。在经济发展新常态下，加快丰顺振兴发展，全面建成小康社会，必须发挥好党在经济社会发展中的领导核心作用。要强化各级领导干部担当精神，以加快发展为己任，敢于直面困难、改革创新，充分发挥模范带头作用，一旦集体作出决定的事，就要心无旁骛地抓落实，把想干的事、既定的事，逐一干成、干出亮点，在全县形成"实干出彩、空谈下岗"的氛围。

二、实施乡村振兴战略，统筹城乡协调发展

（一）突出"三大抓手"，建设"一区一带"

丰顺县积极融入梅兴华丰产业集聚带，抢抓粤东西北和原中央苏区振兴发展两大政策机遇，围绕推动丰顺新区和梅江韩江（丰顺）绿色健康文化旅游产业带"一区一带"规划建设，着力优化投

资环境，大力推进项目建设，获得了良好经济效益和社会效益。

第一抓手，加快县城扩容提质，力推温泉宜居城建设。

丰顺毗邻机场与港口，高速高铁穿境而过，拥有得天独厚的温泉资源与良好的生态环境，是中外闻名的"中国温泉之乡"与"中国长寿之乡"。丰顺充分利用交通区位优势和丰富的温泉、生态资源优势，按照建设25平方千米、25万人口的梅州城市副中心和宜居宜业"温泉城"的目标，全力推进建设总投资60多亿元的丰顺碧桂园、锦江美景城、千江苑、千江广场、客潮风情商业街、罗浮温泉综合体等一批重点项目，加快县城扩容提质，并通过道路改造、亮化美化，令城区面貌焕然一新，荣获"广东省卫生县城"称号。常住人口城镇化率提高到48%。

全力实施"一区一带"发展战略，促进城乡、园区、产业同步发展。筹资10亿元，全面启动实施国家卫生县城、省文明县城、省教育现代化先进县、省卫生强县、省食品安全示范县和智慧县城"六城同创"工作；筹资5亿元实施图书馆、文化馆、博物馆、体育馆、档案馆和城市规划展览馆、客潮文化艺术中心等"六馆一中心"同建，致力创建国家卫生县城，创建省卫生强县、省文明县城和全省食品安全示范县。启动投资5亿元打造"百里榕江画廊"。

第二抓手，大力推进园区建设，增强产业发展承载力。

广州海珠（丰顺）产业转移工业园建设，被省政府纳入省级产业转移园管理，享受省产业转移相关扶持政策，2015年度考核被省、市认定为优秀等次，并获得5 000万元奖励。园区投入征地、平整土地等资金3.5亿元，完成征地166.67公顷。深入实施"乡贤回乡投资兴业"工程，引进合同项目18个，瑞丰粮油、汇威科技、鼎新科技等一批项目建成投产，并获得省经信委3 000万元招商选资奖励。县城至园区10.5千米供水管道如期建成。绿色饲料基地首期计划总投资6.7亿元、年产174万吨的双胞胎、大北农等5个项目入园动工，着力打造年产能250万吨、产值约80亿元的全省重要绿色饲料生产基地。

省级经济开发区扩区获省政府审批。围绕打造百亿电声产业集群的目标，突出科技创新，深化与科研院所、行业协会的战略合作，成功创建出口电声产品质量安全示范区，"中国电声出口共建基地"正式挂牌。建设占地133.33公顷、计划投资40亿元以上的电声中小微企业创业园的规划设计，60多家电声企业申请入园，申请用地113.33公顷。至2015年，入园企业累计109家，投产企业96家，在建13家；园区完成总产值74.7亿元、增长31%，规模以上工业增加值13.7亿元，增长31.8%，实现税收2.6亿元、增长35%。园区经济已成为丰顺县经济发展的主引擎。

第三抓手，对外连通对内畅通，交通格局"脱胎换骨"。

丰顺毗邻汕潮揭，距离揭阳潮汕机场、厦深高铁潮州中心站仅40分钟左右的车程，是梅州通往潮汕平原的"南大门"，也是潮汕平原通往赣南、闽西腹地的"桥头堡"。

2015年以来，围绕梅州构建潮汕平原北上拓展腹地的交通枢纽目标，丰顺县努力构建"对外快速连通，对内全面畅通"的交通格局。全力推进总投资2.5亿元的一批新建项目的建设和国省道改造升级，完善县乡路网建设，提升普通公路的技术等级和服务水平，打造县内快速交通体系。

丰顺县还重点配合市顺利推进梅汕高铁和大丰华高速丰顺段项目，谋划推进梅汕高铁进站道路规划建设。让昔日闭塞难行的山区县"脱胎换骨"，变为四通八达、高速、立体的交通体系。

丰顺县发挥文化和生态等特色优势，着力抓好县城、中心镇、特色镇、美丽乡村建设，实现以城带乡、以乡促城、城乡互动。成功创建"广东省卫生县城""广东省林业生态县"。着力打响"中国温泉之城""中国长寿之乡"旅游核心品牌,促进文旅、农旅、养旅融合发展,重点打造健康山水养生、风情温泉度假、文化慢城旅游集群。八乡山大峡谷、韩山生态旅游度假区、鹿湖温泉度假村、千江温泉、龙归飞瀑、龙鲸河漂流、铜鼓峰、九龙嶂等重点景区开发建设取得新进展。揭岭飞泉国际风景旅游区、大宝山生态旅游度假村、客潮水乡汤泉世界等一批新的景区景点规划建设正在有序推进,韩山生态旅游度假区被列入2016年全国优选旅游项目名录。梳理总投资56.08亿元、政府性投资21.08亿元的14项交通水利、教育医疗、生态环保、旅游产业、政务服务等重点项目建设,统筹北部10个镇资源,推动联动发展。

(二)扮美"温泉城",带旺"全域游"

为加快县城扩容提质,丰顺县大力推进珠光新城御景、珠江海棠湾等10个总投资50亿元的城市扩容提质项目建设,带动县城储备和盘活商住旅游建设用地200公顷以上,拉动新增100亿元的投资。

随着"温泉城"品牌的打响,城区扩容提质的步伐加快,交通区位环境的日益优化,丰顺楼市迎来全新机遇,越来越多的人到丰顺安家置业。丰顺不仅加快县城扩容提质步伐,而且大力实施乡村振兴战略,统筹城乡协调发展,积极打响"中国温泉之城""中国长寿之乡"旅游品牌,努力形成"产业因全域旅游而更兴旺、城乡因全域旅游而更美丽、百姓因全域旅游而更富有"的全域全业全民发展格局。

为补齐全面建成小康社会的"短板",丰顺大力实施乡村振兴战略,坚持农业农村优先发展,围绕"产业兴旺、生态宜居、乡风文明、治理有效、生活富裕"的目标,按照"洁净为先、文化为魂、产业为基"的工作思路,以"三清理三拆除三整治"为重点,激发基层自治动力,大力实施"百村示范、千村联动、万众行动"工程,有力推进包括61个省定贫困村在内的122个行政村创建示范村，带动面上1 000多个自然村为基本单元，连线成片，全域推进生态宜居美丽乡村建设，把263个行政村建设成为美丽宜居村，打造一批特色精品村。

丰顺充分发挥温泉、文化和生态等独特优势，大力发展体育休闲和温泉旅游产业，创建国家全域旅游示范县，力争实现旅游接待人数、旅游总收入增长20%的目标。推进"旅游+文化"，深度挖掘红色资源、客潮文化、畲族风情等特色文化内涵，打造一批文化与旅游融合发展的景区景点和特色小镇；推进"旅游+养老养生"，大力发展温泉养生旅游；推进"旅游+体育运动"，发展好龙鲸河漂流、铜鼓峰登高、山地自行车骑行等体育休闲项目；推进"旅游+休闲农业"，依托美丽乡村，鼓励建设农业庄园、家庭农场、民宿客栈，开发农事体验等乡村休闲旅游产品；继续抓好八乡山、韩山、大宝山、揭岭飞泉、种玉上围、温泉古镇等旅游项目建设，加快韩山生态旅游度假区、八乡山大峡谷景区创建4A级旅游景区进程。

三、新时代、新气象、新作为，推动生态富民强县

（一）培育三大产值百亿产业，提升经济发展质量

丰顺县坚持稳中求进工作总基调，贯彻高质量发展的要求，加快建设"一区一带"，实施乡村振兴战略，加快创建特色小镇，推动生态富民强县，大力培育电声、农产品精深加工、健康养生三大百亿产业，奋力开创决胜全面建成小康社会新局面。

丰顺县以电声产业突破百亿元大关为契机，继续发展壮大工业经济，持续抓好土地征收，为项目建设提供用地保障。完善园区交通、通信、能源、环保、生活配套服务区等配套设施建设，加快建设"三纵三横"工业大道，完成生活配套服务区相关工程，加快标准厂房建设，不断提升园区的承载力和吸引力；

加快入园项目建设，扎实做好跟踪服务，力促喜德盛公司和配套产业项目早日落户园区，努力打造自行车特色产业园；完善发展规划，加大政策支持，推动电声产业迈向中高端，做成大产业，早日成为"中国电声之都"；加快电声中小微企业创业园规划建设，力促电声企业进园，促进电声产业集聚发展；实施"引智强企"计划，深化与工信部电子五所等战略合作，加大产学研联动协作，推动企业技术创新、增资扩产。

丰顺县将利用丰富的茶园、果园、田园资源，以科技创新为手段，运用现代制造技术，积极发展绿色饲料、茶叶、粮油、米面等农产品精深加工业，延长产业链条，提高产品附加值，打造生态、绿色、健康的丰顺农品、山品、硒品；依托绿色饲料园建设，大力促进签约项目落地建设、竣工项目的加快投产，加快打造全省重要绿色饲料生产基地；发挥"中国长寿之乡"品牌效应，支持瑞丰粮油、代米生物、天亿、马山等龙头企业研发养生名优产品，丰富绿色产品供给，带动全县农产品做强、做优、做特、做精，发展具有丰顺特色的绿色食品加工业。

走城乡融合发展之路，统筹推动城乡基础设施共建共享、互联互通。围绕建设梅州城市副中心目标，坚持规划引领，优化空间布局，加大基础投入，不断做大城市规模，做强城市实力，做优城市功能，做美城市环境，打造宜居宜业宜游温泉城；加快推进珠光御景、珠江海棠湾、培英锦绣城、万江府等项目建设；发展壮大总部经济，加快推动广东丰顺商会总部创新创业中心建设；扎实推进"六城"同创和"六馆"合建，创建国家卫生县城、省卫生强县、省推进教育现代化先进县，省文明县城、省食品安全示范县和智慧县城。

（二）加快创建特色小镇，推动生态富民强县

丰顺依托当地生态资源，深入挖掘别具特色的客潮文化资源,增强项目与当地资源、产业带动等的互动,打造一批以健康养生、文化休闲、田园观光为产业支撑的特色小镇。汤坑镇将利用全国电声产业主要生产基地的优势,建设专业技术平台,引进国内外一流的工业设计机构和汽车音响时尚展会,培育发展电声创意文化,引导企业转型升级,建设电声(汽车音响)产业特色小镇;砂隍镇围绕打造国家级旅游度假区目标,加快推进砂隍客潮特色小镇、军塘湖湿地生态园、宋代古镇古街等项目建设;丰良镇将发挥老县城基础和温泉的优势,建设成为以休闲旅游、特色加工业和商贸业为主导的山水生态型中心镇;潭江镇将进一步擦亮"红陶专业镇"品牌,打造以陶艺体验、茶叶种植加工及茶文化展示、民俗文化旅游业为特色的中心镇;汤南镇将加快融入温泉城建设,以种玉上围片区为核心,建设艺术家村落和文明小镇,同步规划建设湿地公园,打造客潮文化相融的都市田园综合体。

丰顺将以生态优先和绿色发展为引领,充分利用自身的电声、温泉、长寿等产业基础、自然资源、历史人文等后发优势,厚植生态人文优势,探索建设特色小镇等新型发展平台,打造"宜业宜居宜游宜创新"的新型发展空间,推进经济高质量发展,把生态富民强县的目标项目化、具体化,落实到经济社会的各个方面各个领域,在高水平保护中实现高质量发展,努力走出一条生态富民强县的新路子,实现"绿水青山"变为"金山银山"。

(三)打好三大攻坚战,提升群众获得感

丰顺县将全力打好精准脱贫、污染防治、防范化解重大风险三大攻坚战。为打好精准脱贫攻坚战,县强化党政一把手负总责的责任制,压实各级各单位、驻村工作组的帮扶责任、确保贫困群众全面如期实现预脱贫;确保与全国、全省、全市同步全面建成小康社会。按照"聚焦再聚焦、精准再精准"的要求,落实好人盯人、人盯户帮扶联系机制,实时动态跟踪,及时校准靶向,

确保帮扶更加精准有效；注重扶贫同扶志、扶智相结合，突出产业帮扶、就业帮扶、教育帮扶等帮扶工程，提高贫困群众发展生产和务工经商技能，切断贫困代际传递；建立健全贫困户稳定增收脱贫长效机制，促进低保制度与扶贫政策有效衔接，将新产生的贫困人员和返贫人口及时纳入帮扶；深入推进省定贫困村创建社会主义新农村示范村，全面动员企业、乡贤、群众自觉参与支持，确保按要求全部达到整洁村标准。

为打好污染防治攻坚战，丰顺县下大力气做好大气、水、土壤污染防治，严把环保准入关，改善生态环境质量；落实全省全面推行河长制的决策部署，大力开展"水更清、河更美"专项行动，加强巡查监管，严处违法排污，抓好综合治理，巩固榕江北河整治成果；加强工地道路扬尘、工业源、露天焚烧等污染防控，加快淘汰黄标车；深入开展"绿满丰顺"大行动。

丰顺县以重点民生改善为根本，坚持就业是最大的民生，进一步完善就业创业服务体系；突出抓好高校毕业生、退役军人、农村转移劳动力、城镇就业困难人员等群体就业创业；强化职业技能培训，提高劳动者技能；拓宽农民增收渠道；积极培育新型职业农民，提高农民经营性收入水平。发挥开放大学作用，推动全民学习和终身教育；推进健康丰顺建设，提升全县卫生设施建设，提高村级卫生站服务水平；培育发展全科医生，扩大家庭医生签约率；加快城镇公共文化设施建设，完成农村文化俱乐部与文化驿站建设，广泛开展群众性精神文明创建活动。加强对残疾人、困境儿童、特困供养人员、低保户、重病患者、受灾人员等特殊困难群体的保障和救助；设立"爱心之家"，加强农村留守儿童和妇女、老年人关爱保护服务；推进医养结合深度发展，争取养老床位取得突破；落实优抚安置制度；抓好保障性安居工程建设，加大农村危房改造，让人民群众获得更多的幸福感。

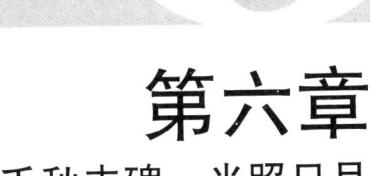

第六章

千秋丰碑　光照日月

第一节 丰顺县革命历史旧（遗）址

（1）东江第一次工农兵代表大会旧址：

东江苏维埃政府暨红十一军纪念馆

东江第一次工农兵代表大会旧址位于丰顺县八乡山镇滩下村庄屋坪。1930年5月1日至12日，东江特委在八乡滩下庄屋坪召开了"东江第一次工农兵代表大会"，有184名代表参加，通过了工农民主专政十大纲领，选举产生了东江苏维埃政府，选出陈魁亚和古大存为东江苏维埃政府正、副主席，并宣布正式建立中国工农红军第十一军。古大存为军长，颜汉章为政委。1984年11月，兴建了占地面积684平方米、二层结构的东江苏维埃政府暨红十一军的纪念馆。1992年公布为广东省文物保护单位。

（2）红四军军部旧址——见龙居：

见龙居（此图由陈拓宇提供）

　　见龙居位于丰顺县龙岗镇马图村。1929年5月底，红四军按照中央和前委指示，从闽西来到东江兴梅地区。1929年10月25日，红四军攻克梅县城。尔后，朱德军长率红四军一、二、三纵队6 000余人，从梅县畲坑、梅南方向进入马图村。朱德军长住宿见龙居。见龙居始建于清乾隆年间，为三进二横一围包布局，砖木结构，占地面积714平方米。2017年按原貌进行了维修。1983年公布为丰顺县文物保护单位，为革命传统爱国主义教育基地。

（3）丰顺县第一个党组织的诞生地普善堂：

普善堂

普善堂位于丰顺县丰良镇。1926年8月，在省港罢工委员会工作的中共党员冯连山，经中共广东区委组织部批准，回原籍丰顺县立中学任校务委员，并受中共潮梅特委指派，在县城普济善堂（今丰良镇）建立中共丰顺县支部，指定冯连山任书记，党员有杨振东、吴毓芬、谢赞其、蔡宁、黎凤翔等，由中共潮梅特委直接领导。9月，成立中共丰顺县委员会，书记冯连山，组织部部长黎凤翔，宣传部部长彭在璇，农会部部长蔡宁，属中共潮梅特委领导。

（4）中共丰梅县委（特派员）成立旧址：

九龙嶂柑子窝

旧址位于丰顺和梅县交界的九龙嶂柑子窝。1930年秋开始，各县苏区遭受国民党的残酷"围剿"，红色区域愈缩愈小。为了适应新的斗争形势，有利于领导，丰顺和梅县的县委都转移到丰梅交界的九龙嶂，并于1931年1月合并成立中共丰梅县委。书记由黎果担任，常委为叶明章等6人，委员为黎通等2人，属闽粤赣边特委西北分委领导。

永昌居

（5）中共丰顺县委遗址——永昌居：

永昌居位于丰顺县丰良镇九龙村榕树塘。旧址建于清末，为二进二横布局，砖木结构，占地面积685平方米。房屋被国民党反动派拆毁，中华人民共和国成立后重建改为九龙小学。1928年5月，由郑兴、朱公伟、黎凤翔、邹玉成、杨淑庆5人在此成立（组成）中共丰顺县委（临时县委会），黎凤翔任临时县委书记。县委成立后，深入发动群众，建立苏维埃政权，实行土地革命。

（6）汤坑农民协会旧址：

旧址设于丰顺县城太平寺。1926年9月在太平寺成立丰顺县农民自卫军时，全县选出农民骨干50人参加了历时三个月的训练，负责人由

太平寺

农会部部长蔡宁兼任，李德芳担任特派员和军事教官。农民自卫军的成立，为丰顺武装斗争打下了基础。后因国民党反动派的破坏，汤坑农民协会迁至汤西镇西岩寺。

西岩寺

（7）汤坑战役旧址：

汤坑战役旧址的部分山头

旧址位于揭阳县（今揭阳市揭东县）的玉湖汾水和丰顺县汤坑镇交界处。1927年9月28日，南昌起义部队进入广东，激战大埔三河坝，扫荡馏隍残敌，直取潮安城，转战揭阳，并向汤坑进发，在汤坑附近的汾水与敌人相遇，展开激战。揭阳农军2 000余人和丰顺农民自卫军支援部队一齐作战。因受薛岳、陈济棠师的主力阻击，且弹药不足，经两昼夜的鏖战，部队朝陆丰方面转移。

（8）丰顺县崇德善堂：

崇德善堂

崇德善堂位于丰顺县汤南镇隆烟村。1927年9月，崇德善堂组织汤坑隆烟农民自卫军冒着生命危险，用木船、担架把在"汤坑战役"阵亡的1 250名官兵收埋于竹竿岭，并立碑以示对烈士崇敬之情。此善堂被列为县文物保护单位。

（9）西山南寮苏维埃旧址：

西山南寮苏维埃旧址

旧址位于磜隍镇西山村。1929年初，中共东江特委机关由潮安迁来西山南寮。当年古大存在西山南寮村成立地方苏维埃政权。1929年5月30日红四军政治部主任陈毅从闽西到达南寮，当年10月中共广东省委军委书记聂荣臻也到过西山巡视工作。

（10）丰顺县第一个乡苏维埃政府旧址：

潘田镇陈屋祠堂

旧址位于丰顺县潘田镇。1928年2月广东工农革命军东路第十团在丰顺县潘田陈屋祠堂建立第一个乡苏维埃政府。李井泉、古大存、刘永生等老革命家都曾经在此地进行革命活动。旧址于2009年重修。

（11）李井泉工作和疗伤居住过的房子：

李井泉居住过的房子

1928年，广东工农革命军东路第十团在丰顺县潘田建立第一个苏维埃政府。李井泉、古大存、刘永生等老革命家都曾经在此地进行革命活动。

（12）土地革命战争时期丰顺县第二次党代会旧址：

旧址位于丰顺县䲨隍镇黄礤村。1929年1月1日，丰顺县第二次党代会在这里

丰顺县第二次党代会旧址

举行。大会选出县委委员、候补委员、常委、书记。大会建立了4个区委,把全县武装编成教导队。

(13)"八乡山第一仗"战斗遗址:

八乡山战斗遗址

遗址位于丰顺县八乡镇小溪村,1929年4月2日,国民党军毛维寿部和揭(揭阳)、五(五华)、丰(丰顺)联防队1 000余人分五路"围剿"八乡山。古大存指挥工农革命军和赤卫队伏击敌人,击溃疯狂进剿的敌人。击毙国民党汤坑区区长黄夺标等数十人。此役史称"八乡山第一仗"。

(14)丰顺县革命委员会旧址——宝田庐:

宝田庐

宝田庐位于丰顺县大龙华镇叶华村。1928年11月间，丰顺县工农兵代表大会在此召开。县委书记黎凤翔主持会议，选举产生了丰顺县革命委员会。会议号召广大农民开展革命斗争，实行土地革命。1930年8月，国民党派遣联防军300多人，三次"围剿"宝田庐，把宝田庐夷为平地。1981年在原址旁按原样重建。1988年，被列为丰顺县文物保护单位。

（15）中共东江第二次党代会遗址：

东江特委第二次党代会遗址

遗址位于丰顺县磜隍镇黄磜半坑湖。原址因年久和泥石流的摧毁已不存在。1929年，中共东江特委就关于召开党代会问题，曾两次向省委请示报告。经批准后，于1929年6月18日至7月初，在此召开了东江第二次党代会。会议有11个县和东委、东江团委23名代表参加，共青团广东省巡视员以及各县党的活动分子、青年团负责人30多人也参加了大会。大会改选东江特委领导成员。卢济为特委书记，杜式哲为副书记，古大存为审查委员会书记。1929年9月初，古大存被增补为特委常委兼东江特委军委书记。1988年10月被列入丰顺县文物保护单位。该旧址已新建。

（16）土地革命战争时期八乡山红军医院旧址：

旧址位于丰顺县八乡镇小溪村石见坑。1931年红十一军在八乡小溪村石见坑设立了后方医院。1935年后方医院被国民党放火烧毁，整体较为残破。

八乡山红军医院旧址

（17）汤西镇岳潭村：

该村位于汤西镇西部，距离镇政府23公里，是土地革命时期八乡山革命根据地的核心地区之一。为红十一军军部所在地。第二次革命战争时期，火滩、岳潭均为八乡苏区范围。

汤西镇岳潭村一角

（18）桐梓洋革命旧址群：

旧址群位于丰顺县北斗镇桐新村桐梓洋。1935年夏，东江革命根据地在国民党军队的反复"围剿"下终于丧失。红十一军军长古大存带领保存下来的红军战士来到桐梓洋一带开展革命活动,留下许多革命遗址。

北斗镇桐新村桐梓洋一角

(19)丰顺县汤坑青抗会成立旧址——蓝田书院:

蓝田书院位于丰顺县汤坑镇米街口,1937年8月,共产党组织指派冯剑南从汕头回汤坑,筹建"汤坑青年抗敌同志会"。青抗会由初期的28人发展到1 200多人。1939年2月,"妇抗会"并入"汤坑青年抗敌同志会",形成了更广泛的抗日救亡统一战线。蓝田书院紧挨抗日救亡的活动中心的原民众图书馆。1983年列为县重点文物保护单位。

蓝田书院

（20）抗战时期潮梅特委旧址：

潮梅特委旧址

旧址位于丰顺县汤坑镇大山背村永德居左侧，为一座单门楼土木结构建筑。大门匾额写有"革命乐园"，占地面积60平方米。旧址于1988年列入县级文物点。

（21）闽粤赣边纵队第一支队司令部旧址：

旧址位于丰顺县砂田镇大坑村（岳坑村）青沟完。是一栋二层砖木结构泥瓦房，二层五间房屋，建筑面积约110平方米。解放战争时期，闽粤赣边区纵队司令员刘永生等指战员在此组织民兵开展武装斗争，拔除县内防团防据点，攻打县城。1988年10月被列为丰顺县文物保护单位。现按原旧房格局重新盖建。

闽粤赣边纵队第一支队司令部旧址

（22）中共丰北县委旧址——祥辉楼：

祥辉楼

1949年11月，成立丰北县委，管辖原由中共梅埔丰县委和梅南县委所辖的丰顺地域，下辖大龙华、砂胜、黄金3个区委。县委实行特派员制，县委机关设在黄金遍沙祥辉楼。

第六章 千秋丰碑 光照日月

第二节 丰顺县革命纪念建筑

（1）坚真公园：

坚真公园正门

坚真公园位于丰顺县城汤坑镇金瓯山西侧，是中共丰顺县委原机关大院。2003年1月，丰顺县委搬迁到新世纪工程办公后，将原县委旧址改建成坚真公园。

公园总占地面积约10万平方米，内有坚真活动广场、壁画廊、主题雕塑园区、坚真纪念亭、坚真纪念大楼、公园大门及配套附属设施等。公园内，坚真广场、休闲娱乐活动区9 500平方米；坚真纪念大楼5 000平方米；主题雕塑园3 000平方米。

2008年5月，坚真公园被定为梅州市红色爱国廉政教育基地。

（2）坚真纪念馆：

坚真纪念馆

坚真纪念馆位于丰顺县城坚真公园内，于2007年李坚真百岁诞辰之际，由原县委大楼改建而成。坚真纪念大楼前矗立一座李坚真骑着骏马身着戎装的铜像。大楼的二楼为门厅和接待室，门厅有李坚真的半身铜像及简介。三楼有李坚真生平图片展览室和实物展览室，两层总共面积1 300平方米。2013年增设"坚真廉洁操行馆"，再现李坚真廉洁奉公、执政为民的高尚风范。2008年为丰顺县爱国主义教育基地和梅州市爱国主义教育基地。2014年被广东省定为反腐倡廉教育基地。

（3）李坚真旧居：

李坚真故居

李坚真故居位于丰顺县黄金镇径双村蕉头窝。故居建于清末，为单列三间布局锁头屋，坐西南向东北，悬山顶，砖木构筑，占地面积58平方米。故居里面陈列一尊李坚真铜像。1997年，故居被公布为丰顺县文物保护单位。2017年，按原貌进行了修葺。

（4）李坚真故居陈列室：

李坚真故居陈列室

李坚真故居陈列室位于广东省丰顺县小胜镇大南村东叶畲。陈列室为2006年新建，于2007年1月李坚真诞辰100周年纪念活动期间建成开放。

（5）丰顺县烈士纪念碑：

纪念碑位于丰顺县汤坑镇东山公园山顶，为丰顺县委、县人委于1958年12月所建，以后两次重修。坐东北向西南，碑高13.5米，占地面积2 500平方米。纪念碑前筑有护栏，设有五级台阶，正面碑文是："为国牺牲永垂不朽"。背面碑文由中共丰顺县委、县人委撰写。碑文中称，计自大革命以来，先后殉难烈士有黎凤翔、邓子龙、钟伟、彭在璇、刘春、曾子峰等916位。先烈们的丰功伟绩和为人类解放而抛头颅洒热血的英勇精神，将与日争光，流芳万世。

丰顺县烈士纪念碑

1988年10月被列为县级第二批文物保护单位，1995年6月被列为县爱国主义教育基地。

（6）徐名鸿烈士墓：

徐名鸿烈士墓

墓碑位于丰顺县汤坑镇东山居委东山公园山顶，坐落于丰顺县革命烈士纪念碑前。徐名鸿（1887—1934），广东丰顺双河村人。早年在北京求学。1926年南下参加北伐战争，任国民革命军第十师政治部主任；1927年参加南昌起义。1932年任十九路军秘书长，参加"一·二八"淞沪抗战。曾作为十九路军和福建省政府的全权代表，赴瑞金与苏维埃政府和红军签订《抗日作战协定》。因被叛徒出卖，于1934年被国民党杀害。1935年中共中央发表《为抗日救国告全体同胞书》，称徐名鸿为救国捐躯的民族英雄。

（7）冯连山纪念亭：

冯连山纪念亭

纪念亭位于潘田镇新南村。1926年8月在广州省港罢工委员会工作的共产党员冯连山，经中共广东省委组织部同意，回丰顺县立中学任校务委员，并受汕头地委指派在丰良良乡普善堂成立中共丰顺县支部，书记为冯连山。这是当地政府修建的冯连山纪念亭。

（8）红四军进驻马图纪念亭：

纪念亭位于丰顺县龙岗镇马图村，为钢筋水泥结构的六角六柱亭，坐东向西。距离镇政府18千米，面积12.25平方米。1993年4月被列为丰顺县文物保护单位。

红四军进驻马图纪念亭

（9）黄金烈士纪念碑：

黄金烈士纪念碑

纪念碑位于丰顺县黄金镇黄金村后山金山顶，1958年立，沙灰结构，坐西北向东南，碑高约9米，有4级台阶，碑顶塑有五角星形，碑文刻有72位烈士姓名。

（10）埔寨坎头山抗日烈士纪念碑：

坎头山抗日烈士纪念碑

纪念碑位于丰顺县埔寨镇埔南村。1944年12月10日，日本侵略军在伪军配合下，从揭阳分两路进犯汤坑、汤西，肆意抢劫民财。12日下午,日军200多人,向埔寨进犯。广东保安二团在埔寨伏击日军。在这次战斗中,广东保安二团伤亡18人,击毙日军5名,打伤11名。1995年冬,埔寨群众在坎头山立石碑纪念,碑文是:"抗日战争军民烈士纪念碑"。

(11)八乡山石见坑21位烈士墓:

石见坑21位烈士墓

烈士墓位于丰顺县八乡山镇小溪村附近,是当地群众为纪念土地革命战争时期牺牲的吕汉华等21位烈士而建。

(12)梅埔丰革命烈士纪念碑:

梅埔丰革命烈士纪念碑

纪念碑位于丰顺县砂田镇砂田村镇政府背山顶,由中共丰顺县砂田镇委员会、砂田镇人民政府于1959年建立。正面碑文写有:"梅埔丰革命烈士纪念碑"。于1990年冬和2012年予以重修。此碑是为纪念在大革命时期和土地革命战争时期牺牲的陈永年等18位烈士,以及解放战争时期牺牲的柳燕、陈云等39位烈士而建。1995年6月,被列为丰顺县文物保护单位。

(13)志扬革命烈士纪念碑:

志扬革命烈士纪念碑

纪念碑位于丰顺县䲞隍镇志扬村,1979年由丰顺县人民政府拨款建成。占地面积235平方米,坐西北向东南,碑高约9米。此碑纪念中共潮澄饶丰山地工作委员会领导下,第二武工队在解放战争期间,为革命事业牺牲的14位先烈而建。2010年,有关部门对纪念碑进行重修。1995年6月,被列为丰顺县文物保护单位。

(14)官溪英烈亭:

英烈亭位于潭江镇官溪村。为纪念洪茵、李钗、吴汉、张生调等一批革命前辈为人民解放事业献出宝贵生命而建。

英烈亭

（15）大坪革命烈士纪念亭：

纪念亭位于丰顺县𨻧隍镇盐坪村，为纪念原中国人民解放军边纵四支独立中队以及在解放战争中凤凰山一带为革命牺牲的潮州、澄海、饶平、丰顺边纵四支队的39位烈士。纪念碑由当年的游击队战士、企业家朱的先生捐资建造，1998年4月落成。同时落成的还有"追思亭"。

大坪革命烈士纪念亭

（16）建桥镇三和村革命烈士纪念碑：

三和村革命烈士纪念碑

纪念碑位于丰顺县建桥镇三和村。1998年重建，纪念在大革命时期和土地革命战争时期（46位）、全国解放战争时期（2位）以及在社会主义建设时期（19位）牺牲的革命烈士。

第七章
革命历史文献资料

第一节 革命斗争大事记（1921—1949）

一、党的创立和大革命时期（1921年7月—1927年7月）

1921—1924

1921年7月23日至31日　中国共产党第一次全国代表大会在上海举行。代表大会后，共产党广东支部正式成立。

1921—1924

新文化新思想开始在丰顺传播。

1925年

2月1日　在中国共产党的推动和支持下，广东革命政府组织第一次东征联军，举行了讨伐军阀陈炯明的第一次东征。

3月12日至15日　东征联军击溃进攻揭阳、河婆的陈炯明部的潮梅粤军总指挥兼第一军军长林虎与第二军军长刘志陆所部。

3月17日　联军中路蒋介石教导团，第七旅许济部驻汤坑。联军右翼张民达之第二师，由潮安到䐁隍，准备抵梅县。

7月9日　军阀陈炯明部重新占领丰顺。陈军委任邑绅王五良接替县长，国民党的县政权操在右派手里，加强了对群众运动的压制。

9月21日　国民革命政府任命蒋介石为第二次东征军总指挥，周恩来为总指挥部总政治部主任。

10月1日　东征部队誓师出发。

10月31日 东征军第二纵队第一支队张和司令,从濮溪出丰顺追击从罗甘坝溃退之敌林虎、刘志陆部至汤坑。11月2日遂进至陷隍。

11月2日 东征军总指挥蒋介石和俄顾问从濮溪到丰顺。11月4日,蒋介石在陷隍科兰公祠设总指挥部。

11月16日 国民党广东省党部组织部改派邹宝华等8人,为丰顺国民党县党部筹备员。

11月21日 东征胜利后,国民党政府委任周恩来为东江各属行政委员会公署行政委员,同时接受国民党广东省党部委派为东江党务组织主任。

12月5日 中共广东区委抽调赖玉润等5人到潮梅地区组织潮梅特别委员会,赖玉润为书记。

12月下旬 调任中共潮梅特别委员会委员的丁愿和在国民党省党部组织部工作的陈永年,回丰顺发展党团组织。

1926年

3月5日 广东省农民协会执行委员会批准丰顺县第三区的石印等5个乡成立乡一级农民协会。

春 国民党丰顺县党部成立。

4月15日 在广州召开广东省学联会第一次代表大会。丰顺代表陈永年、徐茂山参加了这次会议。这次大会有49个地方的108位代表参加。

4月26日 共青团潮梅地委改组,宣布成立丰顺县支部,蔡宁为书记。下辖学生组和农民组团员10人。

5月1日 广东省农民协会召开第二次全省农民代表大会。大会统计,丰顺有乡农民协会12个,会员480人。

8月 在良乡普善堂成立中共丰顺县支部,冯连山任书记。

9月 在良乡普善堂成立中共丰顺县委员会,冯连山为书记，黎凤翔为组织部部长，彭在璇为宣传部部长，蔡宁为农会部部长。

11月12日 县委组织农民自卫军、农会会员和革命群众，在汤坑南市场集会，纪念孙中山诞辰。

11月 根据中共广东区委要发展工农武装的指示，潮梅海陆丰办事处农军部，派黄埔军校学生李德芳来丰顺协助举办农民自卫军训练所，并成立丰顺县农民自卫军。

1927年

1月 中共广东区委组织部，派遣广东区委组织部干事王兆坚到丰顺，经中共汕头地委同意，接任中共丰顺县委书记。

3月12日 冯连山在丰顺县立中学召开纪念孙中山逝世二周年大会上讲演时，被国民党右派煽动的部分学生围殴。200多名学生起来支持冯连山，开展护校运动。

春 国民党省党部被改组《岭东民国日报》原社长李春涛被迫离职。中共汕头地委在汕头市创立的《岭东日日新闻》被国民党捣毁封闭。

4月15日 潮梅警备司令部派出军警围搜和查封中共丰顺县委、农会和中学等中共重要活动据点。由于中共有所警觉，党和农会负责人得以避险。

4月中旬 汤坑区长黄夺标纠集300多人进攻太平寺，围捕农会干部，农会被迫从太平寺迁入汤西坪城西岩寺。

4月21日 农民武装第一次包围国民党县政府。后因敌援赶来，农军被迫撤退。

4月下旬 遵照中共广东区委的指示，决定组织中共东江特别委员会，负责领导东江的党务、政治、军事。

5月15日 农民武装第二次围攻县城。丰顺县农民自卫军和农会员数千人，以良乡为大本营，分五路对敌进攻。因敌多路增援，农军主动撤退。

是日 暴动以后，县委书记王兆坚赴武汉，找党中央请示。丰顺的党务暂停活动。

5月中旬 丰顺国民党县党部改组后，下令"清党"，县长黄伟卿因抵制被撤职。5月15日，潮梅警备司令部部员罗虔英来丰顺任县长。

5月27日 经共产党同志秘密联络，策动国民党驻城防军廖翰部下20名士兵起义。后被告密暴露，20名士兵被捕。

5月 汤坑农民协会负责人刘太白、高腾汉、马春荣等，组织农民武装200多人，对敌进攻。农民自卫军重新占领太平寺。

是月 丰顺县政府派8名保安队员往潘田乡催粮征税，到大洋村抓走1名农会会员，潘田农民自卫军和农会会员奋起抵抗，把8名保安队员扣押起来，缴枪6支。

7月 中共潮安县委委员林谦在磟隍建立支部，刘光涛（刘斌）为书记。支部在葛布村设点，秘密翻印、散发潮安县委机关报《民众新闻》。

二、土地革命战争时期（1927年8月—1937年7月）

1927年

8月1日 以周恩来为书记的中共中央前敌委员会和贺龙、叶挺、朱德、刘伯承等领导的北伐部队，在南昌举行武装起义，揭开了中国土地革命战争新时期的序幕。

8月间 王兆坚从武汉回丰顺主持县委工作，贯彻上级指示，做好起义军南下的"接应"的工作。

9月23日 南昌起义军经磟隍分别占领潮州、汕头，丰顺农军、农会热烈迎接起义军入境。

9月28日 由叶挺、贺龙率领的南昌起义军，分两路向山湖、汤坑进发。汤坑战役打响。此后，王兆坚销声隐迹潜伏在家，丰顺党务工作停顿。

10月间 梅县郑兴、朱公伟等率领农民自卫军三四十人到九龙嶂，成立广东工农革命军东路第十团及其军事委员会。

12月6日 省委扩大会议选出东江特委，并指定东江特委特派员罗欣然兼丰顺县委书记（未到职）。

12月间 丰顺县农民武装，配合兴宁县农民武装，攻占了兴宁和梅县的水口、水车、畲坑、新圩、泥坡等区。

1928年

2月4日 广东工农革命军东路第十团在丰顺农民武装1 000多人的配合下，攻打县城至𨻧隍之间的潘田乡团防，消灭反动武装76人，成立了潘田乡苏维埃政府。

2月11日 工农革命军东路第十团和丰顺农民武装近万人，攻打县城，与敌人激战三昼夜。是役毙敌8人，伤敌11人，丰顺革命队伍牺牲12人。

2月中旬 古大存带领60多名革命骨干，其中党员30多名，走上八乡山，然后分散到各地，以做长工为掩护，进行革命活动。

3月23日 国民党县政府发出通缉共产党首要的谕令。被列入通缉名单的有张阿济、张其华等48人。

5月间 古大存在八乡山串联贫苦农民，成立第一个"贫农自救会小组"，此后扩大到八乡山各村，同时还建立和发展了农民赤卫队。郑兴等5人在九龙嶂组成中共丰顺临时县委。临委成立后，即进行恢复各地支部和农会，并拟召开党代会产生正式县委。

6月8日 潮梅特委合并到东江特委。此后，丰顺县委归属东江特委领导。

6月14日 梅县、兴宁、五华、丰顺四县，组成梅、兴、五、丰四县临时军委。

6月 在九龙嶂成立五华、梅县、丰顺、兴宁、大埔"五县暴动委员会"，古大存任书记。

是月 大埔部分县委成员与工农革命军东路第十五团从埔东转移到梅埔丰边的铜鼓嶂开辟新区，开辟铜鼓嶂革命根据地。

7月4日 省委决定，取消梅、兴、五、丰四县临时军委组织。

7月底至8月初 在丰顺临时县委领导下，在进行恢复各地支部的基础上，建立一、三、四区委。全县党员数为120人。

8月间 揭阳、潮安两县党的负责人来到了九龙嶂，协商决定取消"五县暴委"，成立党的"七县联合委员会"。古大存任联委书记。中共丰顺县委委员邹玉成，在松江小学被捕，后被国民党杀害。

秋 丰顺团县委委员廖祝梅（女），受坏人诱骗至汤坑被捕，同年冬被国民党杀害。

10月 成立梅埔丰三县领导人参加的铜山区革命委员会，选举叶雨金为主席，郑才文为副主席。

是月 在八乡山大竹园召开各乡农民代表会，成立五华第九区（从丰顺第三区划出八乡山范围）农民协会。

11月间 丰顺县工农兵代表大会在叶华宝田庐召开，县委书记黎凤翔主持。会上成立丰顺县革命委员会，选举黎果为委员长，李坚真、朱士庵为副委员长。

12月10日 东江特委在崇下召开临时会议，一些重要县份的代表参加会议。

1929年

1月1日 丰顺县第二次党代表大会在释迦崇下的黄磜召

开。大会选出新县委委员黄炎等11人，候补委员2人，黎风翔为书记。

1月 东江特委机关从潮安迁到丰顺县释迦崠下西山南寮，林道文为东委书记，杜式哲为副书记。

2月17日 成立丰顺县工农兵革命委员会，委员由邹玉山等7人组成，主席邹玉山。

2月19日 五华县第一次党员代表大会在八乡山小溪石涧坑召开，到会95人，改选新县委，古大存为书记。具委机关设在丰顺属的八乡山。

2月 隘隍、黄金、潭江3个区联防总处，呈请国民党陆军营长吴桂高，"搜剿"铜鼓嶂革命根据地。

是月 东委邹玉山、彭化民两个军事负责同志于2月15日前后赴港。

3月5日 丰顺县委在黄礤召开县委扩大会，决定在丰顺尽可能发动大大小小的游击战争，鼓起群众革命的情绪。同时，建立和健全各单位组织。

3月 广东省委在香港举办训练班，贯彻中共"六大"会议精神。

春 由潮阳、普宁、惠来、南山红军四十七团和丰顺、五华之红军四十六团等4个团改编成红军第十一军，拟攻取潮安、汕头，因受阻而撤回原地。

4月2日 打响"八乡山第一仗"。是役生擒反动首领黄夺标，缴长、短枪20多支，毙敌20余名。

4月5日 国民党进攻河西不敌，被杀老幼20余人，河西和北斗各乡被敌人烧毁房子6成以上。

4月7日至8日 丰顺暴动取得成功。东委称，丰顺暴动是东江群众斗争中的一声有力号炮。

4月15日 东委在丰顺的黄磜出版了《红报》和《工农兵出路》刊物。其中第二期《红报》刊登"丰顺暴动与东江革命形势"。

4月 省委指示东委，要丰顺设立党报机关，作为东江上下流宣传中心。尔后，丰顺在出版《县委通讯》的基础上，又出版了《红潮报》。

5月2日 工农革命军第十团和丰顺农民武装进攻梅县官塘、新塘、长沙，给了敌人很大打击。

5月13日 工农革命军第十团和丰顺农民武装700余人，分3路进攻梅县白宫、西阳，毙敌1名，缴警卫队枪支12杆。梅县县长谢达夫携眷潜逃往汕头。

6月15日 丰顺县委在黄磜召开农民代表大会，提出抗租口号，开展夏收斗争。会后，在夏收斗争中开展抗租的区域有五区、四区、三区和一区部分地区，并取得完全胜利。

6月18日 东江特委在丰顺黄磜半坑湖村召开第二次党代表大会。出席会议的有来自11县和东委、东江团委的代表共23人。大会选出新的东江特委，书记为卢济，古大存任军委主席。

6月 红四军前委及闽西特委派陈毅为代表，来到丰顺县西山南寮与东江特委联系，同东委商量红四军来东江的问题。

是月 东江特委把丰顺、五华、兴宁县的模范赤卫队集中起来，成立红军第四十六团。李明光为团长，刘春（后邓子龙）为副团长。

7月31日 丰顺县红军第四团和农民武装3 000多人，分4路围攻大胜、小胜等乡的反动武装，共击毙和俘虏警卫队12人。敌人大为震惊。

7月 自4月7日丰顺暴动后，农民运动发展得很快，共3万人参加了群众组织。

8月1日 一区、五区集中300多名各乡农会代表开会，会后举行武装示威游行，宣传"八一"宣言。

8月初 国民党进攻被丰顺武装占领的黄金市，由刘春带领的红军和第四区赤卫队狠狠地回击了敌人。激战中丰顺革命队伍中10余人不幸牺牲。

8月20日 丰顺县委在黄礤召开第三次党员代表大会，确定工作路线与改组县委。

9月17日 丰顺县委在黄礤召开县委扩大会，时间4天，决定县委7人，邓凤潮（翱）为书记，黎凤翔负责农会。

10月10日 在纪念"双十节"期间，县内多个地方地群众召开大会，发动群众反对国民党。

10月11日 东江特委决定设立东江各县联席会议。西北联会主席古大存（后为陈魁亚）管辖五华、丰顺等西北7县。

10月下旬 东江革命委员会宣布成立。以毛泽东、朱德、古大存等7人为主席团成员，发布了《东江革命委员会关于公布执行土地政纲的布告》。

10月26日 根据东江特委指示，红军四十七团与丰顺赤卫队为迎接红四军进东江，乘机攻打陷隍，动摇敌人后方。

10月28日 朱德率红四军到丰顺的马图休整，东江红军总指挥古大存和红军四十六团与红四军胜利会师。

10月底 广东省委常委、军委书记聂荣臻从香港前来东江巡视工作，住在丰顺茶背西山，历时1个月。

10月 正式成立东江红军总指挥部，古大存任总指挥。

11月9日 敌陈维远部配合警卫队1 000多人，向一区百蛤塘等处进攻。致使5 000多人沦为难民，被安置在梅南暂住。

11月21日 国民党李志毅营派2连人，配合黄金警卫队，"围剿"蟑背村。丰顺赤卫队总队长刘春指挥战友与敌奋战，因寡不敌众，刘春和曾子峰等4人不幸牺牲。

11月 丰顺全县、五华八乡山，都是红色区域。土地是农民的，镰刀斧头红旗招展于乡中。

12月 五华县工农兵代表大会在八乡山贵人村召开，成立了五华县苏维埃政府。

是月 东江特委机关迁至八乡山小溪。

1930年

2月 黄金市载炭工人，结合年关斗争，举行政治罢工。

是月 丰顺县城贫民群众，自动组织"贫民会"，挂起反豪绅地主和国民党的旗帜。

是月 五区警卫队在年关闹饷（薪水），由小队长带领21名队员投奔红军四十六团。

3月22日至4月2日 东江特委在八乡山召开扩大会议，贯彻省委第二次扩大会议的指示，作了"召集东江工农兵代表大会"的决定。

3月底至4月初 东江特委决定把潮梅划为5个游击区域。其中第1个是铜鼓嶂、九龙嶂、八乡山，这是5个区域中最大的，也是东江最大的赤色区域。

4月15日 丰顺县委组织3万多群众举行示威，口号是"血的纪念日，反对国民党，实行武装大暴动"。

4月17日 五区联防总处警卫队在梁坤带领下，有50多人到河东内山与红军合作，掉转枪口打国民党。

4月 红军四十六团攻打八乡山通往平原地区的要隘青溪，消灭了联防队，扫清了进出八乡山根据地的障碍。

5月1日 东江地区第一次工农兵代表大会在八乡山滩下庄屋坪召开。大会成立了东江苏维埃政府执行委员会，宣布成立中国工农红军第十一军。八乡山成为东江最大的赤色区域。

是日 正式宣布成立丰顺县苏维埃政府,黎果任委员长。下辖5个区苏维埃政权,40多个乡苏维埃政权,占全县幅员的半数。

5月30日 3个区群众7 000余人,纪念五卅惨案5周年。集合开会后暴动黄金市。虽然没有打下黄金市,但吓得反动派龟缩起来。

5月 潭江的小胜警卫队挂起红旗投奔红军。䄲隍警卫队全队兵变。黄金市警卫队逃走,自动找红军。

是月 在县苏维埃政府领导下,各乡组织土地委员会,进行分配土地。四区和五区组织了船工会。进一步建立和健全武装组织。

是月 在苏维埃政权成立的第一天,便公布离婚、结婚自由但须到政府登记的条例,受到广大青年男女的热烈拥护。

是月 县苏维埃政府没收反动派的松、杉及公山等,价值20余万元。

6月23日 第二区的群众2 000余人,在中共二区委领导下,召开示威大会,纪念"六二三"广州沙基惨案。并以暴动方式,占据䄲隍市,作了一次广大的反帝宣传。

8月16日 中共五区区委书记、东江苏维埃政府候补委员刘中天,在畲坑战斗中被捕牺牲。

8月25日至27日 敌军重兵"围剿"潮揭丰边赤色区域。敌人到处搜捕赤卫队,逮捕革命群众,烧毁民房,洗劫群众财产。

9月26日 大埔县政府训令,令警察署长率领警队,会合敌军"进剿"丰顺农会,丰顺县农会执委彭在璇等2人被捕杀害。

10月底至11月初 南方局李富春和邓发到大南山召开闽粤赣边区第一次代表会议。会议取消东江行动委员会,成立闽粤赣边特委。

冬 丰顺县委委员、红军四十六团副团长邓子龙被叛徒出卖，经受敌人严刑拷打后，于一个圩日被解到普济桥下杀害。

1931年

1月 1930年秋开始，各县苏区遭受国民党的"围剿"，红色区域愈缩愈小。

2月 国民党第八路军总指挥陈济棠，增调部队大规模向八乡山根据地发起"围剿"。红军四十六团和赤卫队进行艰苦的反"围剿"斗争。

3月3日 原中共丰顺县委书记、东江苏维埃政府执行委员黎凤翔，奉命前往中央苏区。乘粤汉火车到韶关时，被曲江县警兵捕获，后被杀害。

4月 五华反动头子张九华带领400多人进攻八乡山。红十一军军长古大存率领红军和赤卫队，在贵人村与敌进行激烈的战斗。敌人撤退。

5月13日 省委派军委徐德巡视东江，指导东江特委执行省委关于四中全会和国际路线的决议。

5月18日 东江特委召开扩大会议。会议决定以人口和劳动力为标准分土地。同时取消西南、西北两分委，恢复东江特委，重归广东省委领导，徐国声为特委书记。

6月5日 驻东江的国民党独立第二旅张瑞贵部，派1个团人，纠集八乡山周围5县警卫队、民团，大举围攻八乡山。古大存率红军和赤卫队坚决反击，掩护其他红军和革命群众安全转移。

7月 在李立三路线领导下的西北（兴梅）9县的苏区整个垮台。丰顺的县、区、乡苏维埃政府，此时起也逐步消失，至年底全部丧失。

11月 敌军张瑞贵部第三团向丰梅交界之大坪顶区进攻，被红军击退。

冬 梅埔丰受频繁"围剿",根据地和苏维埃政权全部丧失,中共丰梅县委决定分散活动。

是年 东江苏维埃政府执行委员、红十一军政治部主任罗欣然,率领红军人员在八乡山地区坚持斗争,后遭敌杀害于丰顺埔南边境。

1932年

1月29日 中央指出东江特委在肃反工作中犯了严重的错误,妨碍了苏区的巩固和发展,要求东立即纠正肃反工作中的错误。

3月5日 东江特委通过《接受中央对东江肃反工作的正确指示的决议》。

4月18日 东江特委在大南山召开扩大会议,讨论冲破敌人"围剿"与发动春荒斗争等问题,并进行了改组,选出委员11人,李茂崇为书记。

5月 丰梅仍有共产党员30左右,丰梅游击队员20多人,坚持开展游击活动,缴获敌人枪支四五十支。但与东特委、省委失去联系。

6月 国民党张瑞贵师、张达师于3月间开始实施在两月内肃清苏区红军的计划。第一次被工农红军粉碎,不甘失败,又进行第二次进攻。

是月 县委委员邹玉山,在马图丹竹坑与进入苏区"搜剿"的敌人的战斗中牺牲。

8月 西北游击队(丰梅属等区),为了牵制部分敌人对中央苏区的第四次"围剿",扩大武装力量,出击敌人。

11月12日 东江特委指导下有6个县委(潮普惠、潮普揭、陆惠、海陆紫、潮澄澳、饶和埔)、2个特派员(汕头、丰梅)。丰梅特派员邓志发,有党员10余人。

冬 国民党覃香营第六连连长陈亚平率队进八乡山小溪"围剿",被红军用檑木、炮石击退,对方死伤10余人。

1933年

1月10日 东江特委举行常委扩大会。会议改选了军委和特委,李茂崇任书记,朱炎为军委主席。

3月 邓志发任丰梅特派员。

5月 国民党第六连连长陈亚平,带其上司覃香营来汤坑,全面向革命根据地"清剿"。敌人在马图、九龙、八乡山一带放火杀人。

11月10日 东江红军第二路总指挥卢笃茂闻知国民党大部队已撤离汤坑,即带领游击队夜袭汤坑区公所,区长祁兰荪当场被击毙。

冬 一天,东江特委负责人徐国声、林甦,沿韩江北上往江西瑞金参加第二次全国工农代表大会,途经陷隍时遭敌逮捕,被解往梅县杀害。

1934年

1月 丰梅特派员邓志发被叛徒谋害,由胡坚接任丰顺县委书记,县委设在桐梓洋。

3月 古大存带领西北游击队20多人,从大南山来到桐梓洋与邓采平率领的丰梅游击队30多人汇合,不久两支队伍又分开活动。

4月 汤坑黄汉凌被捕自新后带国民党庞连1连人,到河西大坑肚围捕红军,抓去革命群众14人。除3人获保释外,11人被押解到汶水桥杀害。

5月31日 古大存派红军和丰梅游击队陈华、黎果等12人在南蛤龙岗地段伏击,当场击毙反动县长林彬。

6月 国民党派独立第四师邓龙光部驻扎汤坑,疯狂"围剿"八乡山、南磜、桐梓洋等地。

8月 邓采平带领丰梅游击队在丰良大椹南花山住宿,被叛徒黎桥带领黎草等联队袭击。后邓采平叛变。

秋 东江苏维埃政府执行委员、常委,丰梅县委书记黎果,化装到平原地区采购寒衣,遭反动派包围,在突围战斗中牺牲。

10月 县委书记胡坚与丰梅游击队在白叶坪活动。叛徒邓采平带敌前来围捕,胡坚在突围中牺牲。后由郭崇任丰顺县委代理书记。

1935年

春 中共丰顺县委代理书记郭崇失踪。

夏 中央红军长征后,参加"围剿"中央苏区的广东军阀部队,陆续返防广东,加紧对东江革命根据地的"围剿"。东江特委会议根据实际情况,决定转入秘密活动,并选举李崇三为特委书记。五六月间李崇三叛变投敌。大南山根据地全部丧失。

下半年 丰顺县党组织解体。

1936年

9月 中共南方临时工作委员会(以下简称临委)成立。

10月16日 国民政府裁撤东江绥靖委员,另设第五区行政督察专员,下辖丰顺等11个县。

10月下旬 临委派李平到东江地区开展抗日救亡运动,恢复党组织活动,重建党的领导机关。

1937年

3月 临委批准成立中共韩江工作委员会,由李碧山任书记。

三、全民族抗日战争时期（1937年7月—1945年8月）

1937年

8月31日 晨8时，2架日军轰炸机飞往潮汕一带，侦察丰顺（县城），在汤坑、隍等处投弹数枚。这是日机第一次轰炸潮汕。

8月 中共潮汕工委派冯剑南（汤坑铜盘人）回县开展抗日救亡运动，建立共产党组织和组织青年抗敌救亡同志会。

9月6日 成立"汤坑青年救亡同志会"（后改为汤坑青年抗敌同志会，简称"青抗会"）。属岭东青抗会领导。

1938年

1月 冯剑南通过青抗会组织学习，培养吸收进步青年徐思舜，冯汉帮入党，建立了中共汤坑支部，支书冯汉帮。

2月 汤坑妇女抗敌同志会在汤坑育婴堂宣布成立，由丁美娟、胡裁英等人负责，后和青抗会合并。

3月 青抗会成为合法组织，公开进行抗日救亡宣传活动。该会响应党的号召，搞好统一战线工作，扩大政治影响。

5月 青抗会中成立了汤坑青年抗日先锋队，有100多人参加。徐思舜为队长。

7月至8月 抗敌先锋队100多人，在汤坑忠实小学集中住宿，集中学习，集中军训，准备在日军进犯时上山打游击。

8月31日 8架日机第一次轰炸县城（丰良）汤坑和隍市，炸死100多人，炸伤170多人，炸毁商店、民房100多间。

8月 根据中共潮汕中心县委决定，让徐院池以医生职业作掩护，在他的"益民西医诊所"建立一个秘密联络站。

是月 党的负责人冯剑南单线与驻防汤坑涵碧楼的国民党一五七师黄涛部队联系，组织了9位同志随军工作。

是月 由徐院池负责，发动热心救国的医生和妇抗队员组成汤坑抗日救护队。

夏 1架日军轰炸机在梅县长沙坠落，飞行员跳伞后逃入山中。其中1名在马图被丰顺县自卫大队抓获，押回县城。

11月7日 汤坑青抗会派5名代表，参加汕头、揭阳、澄海、潮安、丰顺五县市的代表联席会议，向潮汕国民党当局提出了保卫潮汕的意见。

冬 青抗会派冯汉帮、刘郁到汕头市参加由岭东青抗会开设的游击战术训练班。

1939年

1月 在隬隍区的东留乡仙峰村，建立中共隬隍支部，丘逸群任书记。支部属中共潮汕中心县委领导。

是月 青抗会发动群众在汤坑公路挖陷阱，防止日军车辆向汤坑和内地进犯。

是月 组织汤坑青年、妇女抗敌同志会乡村工作队，到县城、北斗、八乡等地，运用演出、开会、上门等形式，开展抗日救亡宣传活动。

2月 春节后，汤坑青抗会组织第二次乡村工作队第一、二宣传队，先后到河西、罗家约、汾水、观音山、隬隍等地开展宣传活动。

5月下旬 中共潮汕中心县委在潮安六区西旗召开会议，研究有关汕青抗武装大队的发展方向和加强对武装大队及沦陷区的领导等问题。

5月 "汕青抗武装大队"改名为"中国国民革命军陆军独立第九旅游击队"。

6月下旬 因"六二一"汕头沦陷，广东第五区行政督察专员公署、保安司令部自潮州迁设丰顺布心村。

7月 青抗会骨干丘逸群、丁美娟、徐松、卓玉峰、徐城等，往揭阳瑞来埠南侨中学，参加潮汕中心县委举办的干部学习班。

是月 青抗会在汤坑镇附近组织的基础上，相继成立官下埔、河西、石角坝、八乡山等分会，会员发展到1 200多人。

是月 为了加强对"汕青抗游击队"的领导和加强前线及沦陷区党的工作，成立中共潮揭丰边县委员会，林美南（兼）为书记。机关设在潮揭交界的西淇乡。

是月 在忠实学校成立中共丰顺中心区委。由中共潮汕中心县委派李追明任书记。

8月 丘逸群在隘隍建立一个联络站，挂名"健生药房"。

是月 国民党想在青抗队员中发展国民党员，区委书记丘逸群做了大量有效的工作，保证青抗会在中共领导下开展抗日救亡运动。

9月 中共闽西南潮梅特委决定将大埔县委分为饶埔丰县委（埔南）和永和埔中心区委。

秋 国民党县党部在全县掀起反共逆流，监视进步学校师生。中共组织针锋相对，在汤坑中学爆发了学潮，把国民党骨干刘象熬等反动教师吓跑了。

11月间 中共潮揭丰边县委在揭阳瑞来埠南侨中学开办党员骨干学习班，参加学习的有丰顺的胡冠英、徐名舟、丘飞等人。

12月 中共闽粤赣边省委委员、宣传部部长李碧山，在丘逸群的陪伴下，从揭阳瑞来埠来丰顺检查工作，对汤坑区委的工作表示满意。

冬 由青抗会东海学校文化促进会主办的《文海》报，被国民党封闭。

1940年

1月 一名受日本派遣的汉奸，潜入汤西石江，被共产党员和青抗会员胡尤遽等审问搜查。经验明查实后，处置了汉奸。

2月 春节后，古关贤和林美南、徐扬等党的负责人到汤坑，会见丰顺区委书记丘逸群等负责人，指示要在八乡山等地建立革命根据地，准备开展武装斗争。

4月10日 广东省潮汕区国民党党务督导专员许成业，将办事处由普宁移设丰顺（同年10月由丰顺迁揭阳）。

4月 国民党第一次反共高潮波及潮汕。汤坑国民党区署下令解散青抗会。青抗会在中共丰顺中心区委领导下，发出宣言，揭露国民党政府企图向日本投降的阴谋。

是月 潮汕各县青抗会相继被国民党当局下令解散。在这种情况下，中共丰顺中心区委决定成立"汤坑体育会"。通过文体活动，团结各阶层青年，坚持抗日斗争。

夏 丘逸群因工作调离汤坑，由古关贤接任区委书记。

7月 根据形势的变化，饶平县的凤浮中心支部和丰顺䫀隍支部合并，成立中共饶丰区委。丘达生为书记。

12月 在撤销中共闽粤赣边省委（即闽西南潮梅特委）的同时，成立中共潮梅临时特别委员会。潮梅临委在汤坑大山背绍清第设点，姚铎为特委书记。

1941年

1月1日 潮梅特委宣传部部长林美南，召开丰顺部分党的骨干会议，正式公布成立中共丰顺县工作委员会。古关贤为书记。

1月6日 发生震惊中外的"皖南事变"。

2月 丰顺县工委组织党员大量散发揭露国民党破坏抗战、实行反共的罪恶阴谋内容的传单。

6月 国民党当局悬赏通缉张力（古关贤），称给抓获者赏银1 000光洋。潮梅特委决定，把古关贤调走，调熊钦海来丰顺任县工委书记。

9月 根据中央有关指示，决定把原来集体领导的委员制改为特派员制。丰顺县工委改为丰顺县特派员，熊钦海任特派员。

1942年

5月4日 驻军独立第二十旅旅长张寿召集潮、丰各界开会，建议对日寇进行经济封锁，自陷隍至九河口物资由登记处负责检查，自九河至蔗溪口由驻防军负责检查。

5月26日 中共南方工作委员会组织部长郭潜在曲江被捕叛变。

6月 中共南方工作委员会被国民党特务机关破坏（称"南委事件"）。

9月 丰顺特派员熊钦海到揭阳榕城，听取方朗传达"南委事件"和贯彻党组织暂停活动的指示。熊钦海回汤坑后，即和副特派员张震分别向各支部联络员传达。

1943年

2月 建立潮汕党组织与潮梅特委和闽西南特委的地下交通线。沟通潮梅特委的交通线是从余厝洲出发，到达陷隍交通站与中共潮梅特委负责人林美南联系。

4月间 中共南委书记方方，由吴南生护送，从揭阳到汤坑的联络站，后由王华生陪送，安全抵达重庆南方局机关。

1944年

8月间 林美南在陷隍键生药房地下联络站，商议和部署打击叛徒姚铎（原是中共潮梅特委书记、南委秘书长）。

10月 中共潮梅党组织通过中共广东省临时工作委员会请示中央，得中共中央同意，恢复潮梅党的组织活动，开展抗日游击战争。据此，潮梅各级党组织有计划地逐级审查党员，恢复党员的组织关系，并逐步建立党的各级领导机关，筹建人民武装队伍，开展抗日游击战争。

是月 南委联络员李碧山通过个别联系、个别审查，在闽粤赣边成立中共饶和埔丰工作委员会，张全福为书记。

是月 在梅埔丰边成立中共梅埔丰工作委员会，陈明为书记，机关常驻地点在大埔县洲瑞嶂岸。

12月10日 盘踞潮汕的日寇向内地窜扰。汤坑于10日沦陷。日军到处进行烧、杀、抢，隐蔽下来的党员，原青抗会员和群众在苏姑山等地袭击日军。

12月 根据党中央的指示，潮梅党组织全面恢复活动。恢复中共潮揭丰边特派员，钟声为特派员。

是月 陈权被任命为中共揭丰边特派员，到揭阳五经富和丰顺汤坑恢复党的组织活动。

1945年

1月 成立中共潮饶丰工作委员会，余昌辉为书记。县工委设在凤凰山、东留仙峰一带。

1月25日 潮汕日军进攻汤坑，汤坑再次沦陷。经过群众的反击，日军驻扎了两天，于26日晚狼狈撤退。

2月28日 中共潮汕党组织将活动于潮、揭、丰一带与活动于潮、普、惠、南一带的武装队伍集中到普宁县的牛血坑，宣告成立"潮汕人民抗日游击队"。林美南为党代表，玉武为大队长，曾广为政委。

3月 潮梅党组织负责人林美南，派中共揭丰边副特派员黄伕侬来汤坑恢复党组织。

是月 潮梅党组织决定派揭丰边特派员负责在汤坑恢复组织活动。

是月 日本侵略军两次侵犯汤坑。闽粤边党的负责人反复商议，决定组织武装队伍，开展武装斗争。

5月 韩江纵队第五支队在队长古关贤和党的负责人熊钦海带领下，袭击汤坑石桥头的反共分子高铭守，活捉了高铭守，缴长、短枪各1支，现款1 000多元。

是月 在恢复党组织生活的基础上，重建中共汤坑区委，黄佚侬为书记。

6月3日 根据闽粤边特委负责人李碧山指示，将在八乡山的韩江纵队第五支队暂时转移到梅丰边的九龙嶂。

6月下旬 潮汕人民抗日游击队扩编为广东人民抗日游击队韩江纵队，林美南任司令员兼政委。11月增设军事委员会，林川为主席。司令部驻大南山区的大窝村。

7月29日 韩江纵队司令部命令下辖的独立大队开赴八乡山，与古关贤、江振东中带领的部分队员会合，编成韩江纵队（潮汕管）第三支队，全队300多人。

8月15日 日本宣布无条件投降。

9月10日 各地日军集中于汕头岩石缴械。

9月27日 日军签署降书。至此，潮汕的抗日战争结束。丰顺各界人民放鞭炮，大游行，庆祝抗日战争的胜利。

四、全国解放战争时期（1945年8月—1949年9月）

1945年

8月8日 中共广东区党委成立。广东区党委指派林美南为中共潮汕地区特派员。

8月14日 广东人民抗日游击队韩江纵队第一支队在潮揭丰边的居西溜村成立。

8月中旬 国民党六十三军配合潮汕地方武装，向广东人民抗日游击队韩江纵队发动全面的"清剿"。

8月17日 国民党顽固派调动600多人，于凌晨袭击居西溜村，韩纵第一支队奋起自卫。党代表周礼平和9位同志牺牲。

10月14日 韩纵司令部在大南山大窝村召开指战员大会，将第一、二、三支队合编为潮汕人民游击支队（保留原番号）。

11月16日 韩纵司令部于8月间派往东纵联系工作的代表方东平、谢育才抵八乡山韩纵司令部。14名干部、5位电台工作人员同时抵达。

11月20日 中共潮汕特委在八乡山戏子潭成立。同日，召开特委第一次会议，决定成立特委军事委员会，林川为军委主席。决定成立电台机构，并出版《新潮报》。

11月 在铜鼓嶂正式成立中共梅埔丰边县工委，何勇为任书记。同时成立中共饶和埔丰诏县工委，黄维礼任书记。

是月 韩纵第三、第四支队的人员合并，改名为梅埔丰武装工作队，何勇为任队长，刘健为指导员。

冬 根据韩江纵队布置，在八乡山建立情报站，站点设在思茅坪。

1946年

1月 蒋介石密令广东当局，限期1月底消灭广东中共部队。张发奎执行这个命令，继续内战。

1月25日 北平军事调处执行部第八小组到达广州，调停广东内战和解决广东中共部队北撤问题。

1月底 韩江纵队提出收起长枪留短枪，大部分游击队员疏散复员，把主要力量转移到地方做群众工作的方针。这是韩纵武装斗争策略的一次大转变。

3月 东江纵队第四团在政委李征、团长黄布的率领下，来到八乡山与韩江纵队的汪硕大队会合，一个多月后撤回东江。

是月 中共饶和埔丰诏县工委，扩大为饶和埔丰县委。

4月18日 在广东的国共双方经过反复谈判，正式达成中共部队北撤的初步协议。4月底，接广东区党委通知，韩纵抽调50名骨干随东纵北撤。

5月21日 确定了韩纵北撤的基本方案，决定保留少数武装骨干，5月底组建"中共潮汕特委特务队"，丘志坚为队长，陈彬为政委。

6月初 林美南宣布中共广东区委关于林美南、方东平调往广东区党委工作、曾广留任特委书记的决定，确定北撤人员48名。

7月20日 中共中央号召全解放区军民团结一致，彻底粉碎蒋介石的进攻，建立独立、和平、民主的新中国。

7月至8月 东纵北撤后国民党当局违反协议，布置大规模"清乡""绥靖"。潮汕当局及其军队乘机向中共地下党及复员人员袭击，逮捕韩纵复员人员。

11月6日 广东区党委根据中共中央指示的精神，作出恢复武装斗争的决定。

1947年

1月 普宁、潮阳、潮揭丰县委组建经济工作队。

4月 正式宣布成立梅丰边武工队（丰北武工队），陈华为队长，张奎为指导员。

5月 中共潮揭丰边县委宣布恢复中共汤坑区委。

是月 闽粤赣边区工委从王涛支队抽调刘永生、杨建昌等部分骨干与粤东地委特务队，在大埔县坪沙乡成立了粤东支队。

6月7日 潮汕人民抗征队在北山天宝堂成立。

6月中旬 中共潮汕特委将潮汕特委改为潮汕地委，潮揭丰特派员也改潮揭丰边县委。

7月30日 傍晚，潮汕人民抗征队在司令员刘向东、政委曾广直接指挥下，袭击汤坑警察，旗开得胜，威震潮梅。

8月3日　当晚，中共汤坑区委组织石江等地农民群众200人，星夜奔赴汤坑镇，破敌粮仓。缴获赋谷100多石。就地分粮济贫。

8月24日　国民党当局派兵包围八乡山中心戏潭村，企图围歼抗征队。潮汕人民抗征队跃出外线，奔袭普宁县国民党集训队和警察所。进攻八乡山的国民党军警慌忙撤退。

8月　闽粤赣边工委和粤东地委决定成立埔丰边和梅埔边县委。何勇为任埔丰边县委书记。

是月　香港分局鉴于丰顺县城没有党组织，遂特派党员邹长安等人来丰城，赋予他们"发展党组织，增长革命力量，支持周围解放战争"的任务。

10月28日　揭丰边县工委书记陈权主持，在八乡山荷树岭下成立揭丰华边武工队（也称汤坑武工队）。

10月30日　埔丰边独一大队，首先攻打了黄花村，抄了反动头子李介丞的家，接着出击砂田和大龙华乡公所。

10月　重建凤凰山根据地的工作摆上了革命斗争日程。

11月初　中共潮汕地委、抗征队司令部于10月命令第一大队挺进梅北活动，开辟五房山游击根据地。

11月中旬　汤坑武工队在南溪召开群众大会，号召农民报名献枪和参加民兵。

12月29日　粤东支队刘安国带领两个班，在丰北武工队陈华等人配合下，歼灭丰顺县驻百美村彭屋征粮队，俘敌5人，缴枪6支。

1948年

1月1日　广东省主席宋子文委任的少将军官喻英奇抵潮安，就任第五"清剿"区司令官兼行政督察专员、保安司令。

1月3日　召开潮澄饶丰党的武装工作会议,决定成立主力队伍"潮澄饶丰人民抗征队独立中队"。

1月22日　中共丰顺县工委宣布成立东山武工队。随着队伍壮大,后又分成潘田武工队、河北武工队、东南武工队。

1月23日　宋子文发动了对人民武装和根据地的第一次进攻。

1月下旬　在马图北洞成立中共梅兴丰华边县委。

1月　中共梅埔丰边县委建立了黄金武工队。按粤东地委指示,建立中共丰北区委。

2月4日　粤东支队在埔丰边独立第一大队配合下,一举攻下黄金市,歼敌1个保安中队,缴长、短枪80多支。

2月11日　汤坑武工队配合副政委王文波率领的潮汕人民抗征队,在汤坑公路石桥头段伏击国民党军车,俘敌7名,缴获军用品一大批。

2月23日　凌晨,汤坑武工队袭击石桥头反革命分子高铭守家,收缴捷克式轻机枪1挺。

2月下旬　喻英奇调兵遣将夹攻东留游击根据地。

2月　香港分局发出"普遍发展,大胆进攻"的方针以及"一切为着土地改革"的口号。

3月1日　汤坑武工队配合潮汕人民抗征队北山大队200多人,在八乡山一带扫荡反动势力,缴获长、短枪10余支。

3月15日至18日　喻英奇发动对人民抗征队根据地(大南山地区)第一次"围剿"。抗征队第三大队在各方的配合下,取得反"围剿"的胜利。

3月　中共丰顺县工作委员会,改组为中共丰顺县委员会,王文波为书记,饶辉为军委。

4月5日至15日　喻英奇发动第二次"围剿"。武工队、抗征队和民兵英勇反"围剿"并取得胜利。

4月26日至5月30日 喻英奇调集保警1 000多名，发动第三次"围剿"，以失败告终。

5月 潮揭丰人民行政委员会成立。

6月11日 根据丰顺县委决定，在三友乡大罗石壁村建立河南武工队，冯振球（后卓玉峰）为队长。

6月26日 喻英奇围攻凤凰山根据地基点官头輋村。韩江支队伏击敌人，毙、伤敌副队长以下10余名。

6月 潮汕地委决定把汤坑武工队由中队扩编为大队，番号为潮汕人民抗征队独立第二大队，饶辉为大队长，王文波（兼）为政委。

7月16日 敌推出所谓"分区驻剿"的新计划，阻遏丰顺革命武装。独一大队在边纵一团部分主力配合下，主动打击敌人，不断开辟革命新区。

是日 东山武工队趁汤坑圩日，乔装成农民挑柴、担炭赶集，在埔头寨赤子树下，智擒联防队长徐春茂，并攻入联防驻地。

7月中旬 省保安团黄连部纠集军警400多人，"围剿"马图。丰北区武工中队奋起反击，战斗3个小时后，武工队主动撤退。

7月 宋子文施行"肃清平原，围攻山地"的第二期"绥靖计划"，对人民武装和根据地又一次进攻。

是月 根据香港分局指示，潮汕地委建立潮汕支队，由潮汕人民抗征队所属部队统一编成。

是月 喻英奇又一次"围剿"凤凰山根据地。王国权等部队纵火焚烧、抢劫赤竹坪等17个村庄。

8月7日至22日 中共闽粤赣边区委决定区党委之下成立闽

西、闽南、梅州（原粤东地委改名）、潮汕、韩东（后改名韩江）5个地委。以原粤东支队为基础组成中国人民解放军闽粤赣边纵队。刘永生为边纵司令员。

8月 在中共丰顺县委领导下，在大罗榕树下成立中共河南区工作委员会，丘飞为书记，后来由卓玉峰（杨明）兼。

9月8日至30日 喻英奇发起以进攻大北山为重点的第四次"围剿"。从中旬到月底，抗征队打垮了敌人第四次"围剿"。

10月上旬 粤东支队改编为闽粤赣边纵第一支队。

11月9日至12月初 喻英奇调动3 000人兵力，发动第五次"围剿"。经潮汕支队19天的反击，反"围剿"取得胜利。此后，喻英奇已无力进攻山地，转而防守平原据点。

1949年

1月1日 中国人民解放军闽粤赣边纵队宣告成立。

1月2日 中共丰顺县委根据潮汕地委指示，在大罗村南溪背小学成立中国人民解放军闽粤赣边纵队第二支队第五团。

1月 潮汕地委决定，在八乡山成立丰华兴行政委员会。

2月16日 潮揭丰裕民银行成立，发行"裕民流动券"。

2月 闽粤赣边纵队奉命到梅埔丰边区，执行南下解放潮汕西部平原，使闽粤赣边与粤赣湘边两块解放区连成一片的战略任务。

是月 闽粤赣边区党委决定将活动于饶和埔丰边的独立第五大队改编，列入"中国人民解放军闽粤赣边纵队第四支队第十三团"，归韩江地委领导。

3月 中共饶和埔与梅埔丰县委合并为中共饶和埔丰县委。

4月 韩江地委决定撤销潮饶丰县委、潮澄饶平原县委，建立中共潮饶丰边县委（5月正式成立），代号为"海平"。

5月 丰顺县委在大罗耀华里召开县委扩大会议，传达和贯彻潮汕地委关于解放汤坑、县城（丰良）的指示。

5月23日 解放汤坑。成立中国人民解放军闽粤赣边纵第二支队汤坑市军事管制委员会。

5月25日 解放县城。26日8时半，丰顺红军开进县城，附近乡村的联防纷纷投降。丰顺县城的解放，使潮梅解放区连成一片。

6月上旬 丰顺县委和丰华兴人民行政委员会，在全县建立一、二、三、四区和汤坑市政权。

6月15日 喻英奇派张兆诗一个保安团及县保安营700多人，12日从䃳隍反扑丰顺县城，并于13日进城。15日，县城收复。

6月17日 县城圩日，丰顺县军事管制委员会在县城召开宣判大会。

6月30日 闽粤赣边纵队司令员刘永生、副司令员铁坚，率边一团、边二团、边七团、暂编第三支队，攻打䃳隍镇。

6月 撤销丰华兴行委，在县城成立丰顺县人民行政委员会。丘逸群为主任委员（8月后改为丰顺县人民政府，丘逸群为县长）。

7月1日 发行货币"流通券"作为解放区通货。

是日 当晚，闽粤赣边纵队领导机关在丰顺县城（丰良）驻地举行中国共产党建党28周年纪念大会。

7月10日 丰顺红军攻击黄花村联防队的炮楼，一举拔除了丰北地区反动的顽固据点——黄花村。

7月13日 二支五团第二营配合边纵第七团等部队，围攻揭阳新亨驻敌省保安营蔡球部。部队凯旋，县委在汤坑召开万人庆捷大会。

7月28日 发行胜利公债，发行额南方人民银行的人民券1 000万元。

9月19日 丰顺县委发出《关于拥军、助战、组织欢迎大军动员委员会的指示》，要求各地迅速贯彻落实。

9月22日 胡琏敌军进犯凤凰山革命根据地。丰顺地下交通站李钗、洪茵2位女同志不幸被捕牺牲。

10月1日 首都北京30万军民在天安门广场，隆重举行开国大典。毛泽东宣读中央人民政府公告，向全世界庄严宣告中华人民共和国成立。

10月17日至11月7日 汤坑和丰良分别举行隆重庆祝大会，热烈庆祝中华人民共和国成立和丰顺全境解放，庆祝中国共产党、中国人民军队和中国人民的伟大胜利。从此，中国各族人民在中国共产党和毛泽东主席英明领导下，进入建设新政权和发展国民经济的新的历史时期。

（本节内容摘自1991年由中共丰顺县委党史研究室编写的《中共丰顺党史大事记》）

第二节 丰顺县革命时期流传的山歌、歌谣

李坚真山歌（选录）

日头出来晒半山，涯兜①开办训练班；
玫瑰花朵满身刺，姐妹革命上高山。

一劝姐妹爱明理，一头芥菜叶几皮；
劝爷劝夫闹革命，日后才有快乐时。

二劝姐妹知情意，封建制度推翻佢；
天下妇女如一人，拳头捏紧心要齐。

三劝姐妹心爱知，竹山高来茶山低；
人生辈分有上下，爱夫惜儿莫分离。

四劝姐妹爱分详，革命不怕路头长；
山歌搭桥向前走，犁头红旗代代传。

十 送 郎

一送涯郎当红军，革命道路正光荣，

---
①客家方言，指"我们"的意思。

家中事情莫挂虑,英勇杀敌立大功。
二送涯郎出门庭,联系处处要留神,
认真分别真与假,莫把坏人当好人。
三送涯郎到桥边,石桥南北紧相连,
工农战线要巩固,冲锋杀敌要争先。
四送涯郎出外村,党的命令要服从,
临阵退缩最可耻,战场立功美名闻。
五送涯郎到长亭,嘱郎英勇杀敌人,
若为主义牺牲了,革命工作妹担承。
六送涯郎到湖滨,永远记住爱穷人,
穷人就系亲兄弟,工农原是一家人。
七送涯郎过竹林,豪绅地主是敌人,
仇人见了饶不得,你饶他来他无情。
八送涯郎到坳下,莫贪钱财莫贪花,
安心革命干到底,切莫时刻想念家。
九送涯郎到九龙,前面队伍是红军,
革命就有好出路,最后胜利属我们。
十送涯郎当红军,妹子言语记心中,
郎当红军杀敌人,妹做工作在农村。

(梅丰埔苏区山歌)

英勇消灭白匪帮

日想郎,夜想郎,想郎唔得到天光。
郎当红军打白派,留妹在家侍爹娘。
日想郎,夜想郎,锄头换了盒子枪。
头上戴顶红星帽,为了革命上前方。
日想郎,夜想郎,郎当红军理应当。

人民有难涯有责,扛起枪来保家乡。
日想郎,夜想郎,深夜为郎缝军装。
花针绣上七个字:"英勇消灭白匪帮。"

(此为土地革命时期流传在八乡山的爱情山歌,由陈飞翔收集整理)

共产党来好主张

共产党来好主张,土地回家唱一场,
田地割到多多谷,唔使担到地主仓,
有食有着有春光,幸福莫忘共产党。

(此为1930年八乡山农民分得土地后传唱的山歌)

丰顺县龙溪赤卫队之歌

担子担起来呀!担起团团圆哪!
建立呀!苏维埃,穷人有靠山哟。
担子担起来呀!重任挑在肩哪!
紧跟呀!共产党,穷人得翻身哟。
担子担起来呀!勇敢来杀敌哪!
打土豪!分田地,穷人掌政权哟。

(简炳秋整理)

八乡山歌

一条大路曲弯弯,一直通到八乡山。
工农民众齐暴动,杀死白派[①]一时间。

---

① 白派,指反动派。

快快起来谋出路

工农苦,工农苦,
我们工农真辛苦。
每日有做无好食,
做了总归大地主。
工农们:快快起谋出路。

革命成功好还乡

情郎参军喜洋洋,锄头换上驳壳枪;
戴上红十一军帽,走起路来气昂昂。
当红军,气昂昂,涯郎出征上战场;
嘱郎英勇杀白派,杀尽白派有春光。
妹在家,嘱情郎,一心革命共心肠;
家中担子妹挑起,耕山种作侍爹娘。
郎出征,妹送郎,妹在灯下绣衣裳;
衫中绣上七个字,革命成功好还乡。

瓦屋烧了盖洋楼

唔使[①]气来唔使愁,
自有云开见日头。
等到革命成功日,
瓦屋烧了盖洋楼。

---

① 唔使,即"不用"的意思。

第三节 丰顺革命斗争历史的特殊荣光

一、丰顺被确认为中央苏区县

2013年7月23日,丰顺县被中共中央党史研究室确认为原中央苏区范围。主要依据如下:

丰顺县地处广东东北部的韩江上游,与闽西山水相连。1930年夏,丰顺县是粤东北地区苏区县。1930年12月,中央革命根据地第一次反"围剿"期间,丰顺苏区随闽粤赣革命根据地一起,纳入中央革命根据地的范围;1931年冬,中央革命根据地第三次反"围剿"取得胜利后,位于韩江上游,属粤东北梅丰根据地重要组成部分的丰顺苏区,先后归属中央苏区之下的闽粤赣省、福建省苏区管辖至1934年中央红军长征。

中央革命根据地创建之初,丰顺县在红四军游击粤东北进入丰顺的政治、军事行动影响和推动下,很快成为苏区县。

早在大革命时期,丰顺县民众就积极参加东征、北伐战争。青年团、共产党就在丰顺县建立了组织。

进入土地革命战争初期,"四一五"以后的武装暴动,丰顺县地方党组织领导民众走上武装反抗国民党反动派的斗争之路。1927年8月1日,南昌起义胜利后,起义军从南昌南下入粤,贺龙、叶挺、刘伯承等率二十军第一、二师和十一军第二十四师南下潮汕时,中共丰顺县部委按照中共中央关于"粤省委即刻以全力在东江接应"的指示,在县城策划外攻内应,举行暴动。起义军进入丰顺攻陷陷隍后,即派出地方干部和农民自卫军,配合起义军并参加与国民党反动军队激战的"汤坑战役"。1927年10月,建立广东工农革命军第十团。开始在农村建立红色割据区域,开展打土豪分田地,建立革命政权的土地革命运动。

1928年2月4日,丰顺县建立了第一个乡苏维埃政权,进入创建工农当家做主的红色革命政权的探索实践新时期。11月间,丰顺县委在丰北的大龙华乡叶华村宝田庐召开丰顺县工农兵代表大会,成立丰顺县革命委员会。大会公开号召在根据地内开展土地革命。劳苦大众纷纷加入农会,全县会员约万人,获中共中央巡视员贺昌(毅宇)评价称:"丰顺工作最好,有组织的农民群众万余人。"广东省委也给予高度的评价和赞扬。

1929年初,毛泽东、朱德、陈毅等领导的红四军下井冈山,游击赣南、闽西,创建中央革命根据地,更鼓舞了丰顺县党和军民的斗志。3月5日,中共丰顺县委在黄礤召开扩大会议,制定"发动大大小小的游击战争,鼓动群众革命精神"的斗争方针,作出健全各级党组织、建立军事委员会、建立健全工会、农会、妇女协会、共青团等组织的决定。在县委扩大会议精神的鼓舞下,丰顺县的革命斗争出现新局面。丰顺县军民在县委的领导下,与"进剿"八乡山的五华、丰顺、揭阳三县国民党军进行殊死战斗,并取得史称"八乡山第一仗"的胜利。3月7日至8日,举行了震撼粤东的"丰顺暴动",武装斗争在全县各地轰轰烈烈地开展,迫使敌人只龟缩在县城、陷隍、汤坑等大圩镇。此时,丰顺红色割据区域初步形成。

1929年6月,红四军政治部主任陈毅,从闽西到丰顺革命根据地的西山南寮,商议共同开创闽粤赣边区革命根据地等事宜。从此,丰顺革命根据地与红四军、闽西革命根据地建立了良好的联系。10月,朱德军长和朱云卿参谋长率领红四军到丰顺,有力地推动了丰顺土地革命运动与苏维埃政权建设的步伐。1930年5月,以黎果为委员长的丰顺县苏维埃政府正式成立。苏维埃政府辖5个区苏维埃政府,40多个乡苏维埃政府。1930年9月13日至15日中共中央机关报《红旗日报》报道:"丰顺县已经有四十多个乡苏维埃,五个区苏维埃的政权,而且苏维埃也于当年五月成立了,……故农民分得土地后,足食者已十之七八。"

此时,丰顺成为完整的苏区县,各项建设进入鼎盛时期。苏区与粤东北、赣南寻乌县等地赤色区域连成一片,并与赣南、闽西各县边界相通。当年红四军主要领导人陈毅向中共中央报告中称:粤东北"……丰顺……各县群众大部分归我们领导……"丰顺苏区成为红四军控制的"闽粤赣三省边境红色割据"区域之一。在此前后,李坚真、李井泉等一批优秀干部从丰顺县苏区进入中央革命根据地。

中央苏区鼎盛时期,丰顺县苏区先后隶属闽粤赣(闽西)、福建省苏区,在苏区积极配合中央苏区红军反"围剿"及各项斗争。

1931年1月,中共苏区中央局成立后,中央苏区逐渐进入鼎盛时期。但由于敌人的分割、"围剿"与封锁,位于潮阳大南山的闽粤赣苏区西南分委与机关设在闽西的闽粤赣苏区特委联系困难。粤东北地区与闽粤赣苏区特委机关所在地的永定虎岗山水相连,西北分委在闽粤赣苏区特委领导下,进一步完善以黎果为书记的梅丰苏区县委,丰顺苏区的各项建设不断完善。同年秋,国民党军对中央革命根据地(中央苏区)发动第三次反"围剿"。丰顺苏区积极配合西北游击队,扩大武装力量,出击敌人,牵制"进剿"中央苏区的广东军阀。并在配合中央革命根据地(中央苏区)反"围剿"中,与梅县苏区军民紧密配合,在斗争中梅县、丰顺两块苏区连成一片。

1931年秋,中央革命根据地(中央苏区)取得第三次反"围剿"胜利后,在中共中央"闽粤赣向北发展前,需恢复、巩固闽西南部、粤东北苏区"指示推动下,梅(梅县)丰(丰顺)红军游击队,通过武装出击,促进了梅丰苏区进一步发展,被称为梅丰县苏区时期。梅丰苏维埃区域内调整成立了黎果为书记、叶明章为副书记的县委兼县苏维埃政府主席的党、政领导机构,黎通为大队长的梅丰苏区红军游击队得到壮大。1932年3月,"闽西苏区已与江西苏区打通"。位于闽西苏区与江西苏区中间的梅丰苏区,已为中央苏区的连片区域。随着西北分委的消失,闽粤赣省苏区改称福建省苏区。此时,福建省苏区省委领导除组织部部长刘晓是中央派来的外,书记罗明、宣传部部长李明光、秘书长肖向荣、妇委书记李坚真等主要领导,都是从梅丰县、饶和埔苏区等根据地调任到闽西的,特别是宣传部部长李明光、秘书长肖向荣、妇委书记李坚真,他们都是梅丰苏区主要的创始人,他们对曾倾注智慧、心血,艰辛开创的梅丰县、饶和埔县根据地,怀有特殊的感情。上列根据地又与闽西山水相连,唇齿相依,战略地位重要,始终把其保留在辖区内。与闽西武平岩前、象洞等连成一片的梅丰县苏区成为中央苏区福建省的南部区域。

福建省委曾直接对梅丰县委下达指示,如1932年2月16日《中共闽粤赣省委特别通告》,这些文献充分说明,梅丰县委属于福建省(闽西)苏区党组织领导,梅丰苏区与福建省(闽西)苏区是一个整体的,同属于中央苏区。

1933年2月,中央苏区进入第四次反"围剿",丰顺苏区军民在丰梅根据地县委领导下,在八乡山、大竹园、贵人村等地袭击国民党地方反动联防队,为牵制广东国民党军,为中央主力红军取得第四次反"围剿"胜利作出了贡献。

1934年1月，丰顺苏区从梅丰苏区中分出，成立以胡坚为书记的丰顺苏区县委。1934年夏，国民党丰顺县县长林彬为配合国民党军对中央苏区的第五次"围剿"，抢修通往中央苏区的通道"丰汤公路"，并亲临工地监督，丰顺苏区军民在县委领导下积极配合丰梅游击队，在南蛉龙岗工段伏击，当场击毙国民党丰顺县县长林彬及多名国民党军士兵，为配合中央苏区的第五次"围剿"作出了贡献。1934年10月，中央红军长征后，丰顺苏区军民的斗争一直坚持到1935年12月。

二、无产阶级革命家在丰顺的光辉足印

（一）长征女红军战士李坚真

李坚真（1907—1992），女，原名李见珍，出生于广东省丰顺县小胜镇大南东叶畲村的一户贫苦农民家庭。父亲李目，泥水匠；母亲王好，家庭主妇，生了12个孩子，因家贫而卖掉8个，夭折2个。李见珍排行第二，出生8个月，便以8吊铜钱身价卖到邻近黄金镇白溪村蕉头窝一穷苦人家做童养媳。李见珍未上过学，但喜欢唱歌。9岁就与妇女们一起上山砍柴、割草，又学会种田。15岁就常挑柴草到二三十里外的黄金圩场出卖。在山上，在路中，常和妇女们对唱山歌。黄金集市很热闹，消息又灵通，人们常在街头巷尾议论海陆丰农民运动新闻。1926年5月，广东省农协执委、潮梅海陆丰办事处主任彭湃，从汕头乘船来黄金，在县农民协会陈魁亚、黎凤翔、许冰（女）等人陪同下，深入山区，住在李见珍家里。晚上，召开秘密会议，彭湃作《组织起来与土豪劣绅进行斗争》的讲话。李见珍被安排放哨、警戒。从此，她就积极参加农会活动，爬山越岭，来往于铜鼓嶂、九龙嶂一带深山，宣传革命，发动农民参加赤卫队，开展斗争。不久，她当选为区农民协会候补委员，农民自卫军团支部书记。1927年

6月，李见珍加入中国共产党，投入东江特委和丰顺县委领导的武装暴动。1929年底，李见珍转移到闽西，先后任饶和埔中心县委书记、长汀县委书记、福建省省委委员、妇女部部长、苏维埃中央执委、中央妇女部部长，参加红军长征。在中央直属机关"红章纵队"司令部任民运科长、干部休养连指导员。1935年冬，担任中共陕西省委常委、组织部副部长兼妇女部部长。

全民族抗日战争爆发后，中共中央从延安抽调一批同志到南方开辟敌后抗日根据地。1938年2月，李见珍赴武汉、南昌，分别任长江局东南分局妇女部部长、民运部部长。1939年"三八"国际妇女节，李见珍写纪念文章，署名首次改名李坚真。解放战争时期，李坚真率队在山东新安、莱阳等地进行土地改革。后任华东局妇委书记、山东分局妇委书记。1949年3月当选为全国妇联执委。1950年4月，李坚真奉调中共中南局，任中南军政委员会委员。9月，任广东省土改工作团团长、党组书记。她带领工作团进驻兴宁、揭阳、龙川三县，开展试点工作。她深入农村扎根串联，访贫问苦，调查研究，严格掌握党的土改政策，并以多次参加土地革命的经验，准确划分阶级，保护华侨和民族工商业者的利益，保护民主人士和起义人员。

李坚真先后任中共粤中区党委第一书记，中共广东省委常委、省委书记处书记兼监委书记，中共中央监委委员，广东省革委会副主任，中共广东省委书记（时设第一书记），省纪委书记，广东省人大常委会主任，中顾委委员，中共第八、十一届中央候补委员，第一至第七届全国人大代表。李坚真久在外地，对家乡建设事业也很关心。1973年12月中旬，到丰顺县检查工作，在县三级干部1 000多人大会上要求全县干部群众要"坚持党的领导，革命不忘本，努力工作，继续前进"。她积极为家乡公路建设、水电工程建设筹划出谋，尽力费心，赢得了人民群众的无限爱戴。

1992年3月30日，在广州病逝，终年88岁。其骨灰安放在广州银河革命公墓。中共广东省委机关报《南方日报》载其生平时称：李坚真是中国妇女运动的先驱。李坚真生前正式出版有《李坚真山歌三百首》《李坚真回忆录》。

（二）陈毅三到丰顺

中共东江特别委员会，是1927年4月下旬在海丰正式成立的。1928年6月根据中共广东省委指示，中共潮梅特委与东江特委合并，组成了新的东江特委。从此，中共丰顺县委也归属东江特委的领导。

中国工农红军第四军是1928年5月在井冈山上成立的，朱德任军长，毛泽东任党代表，陈毅任政治部主任。1929年6月中旬，红四军委派陈毅为代表到东江特委，陈毅住在丰顺西山南寮子。陈毅告知东江特委，红四军要到东江地区来，要求做好一切准备工作。当时，东江特委在丰顺黄礤召开第二次代表大会，详细讨论了红军这一行动计划。鉴于东江革命力量还不强，大会决定告知红四军暂不来东江。

1929年9月底，陈毅以商人打扮，穿着黑烤纱裤褂，手里拿着顶西式草帽，通过敌人重重封锁线，从闽西再次来到丰顺县西山南寮子。东委林道文书记为了迎接陈毅的到来，专门召开了东委扩大紧急会议。陈毅坐在房间中心方桌前的一条长凳上，房间坐满了人，东江特委军委主席古大存也连夜赶路，到南寮子赴会。林道文主持会议，他给大家介绍了陈毅。陈毅从容地向东江特委在座同志介绍红四军在福建打击敌人的情况。然后，他郑重告诉大家："红四军准备到东江。"林道文在向陈毅介绍东江的革命形势后，让大家发表意见，大家一致热切盼望红四军来东江。陈毅谆谆地谈到，要认真对白军做工作，他说："朱德军长是很重视白军工作的，许多散发给白军的宣传品是朱德亲自拟稿的。"陈毅走后,丰顺县委根据东江特委准备迎接红四军的指示,做好四个方面工作:一是健全丰顺县革命委员会,并建立丰顺县苏维埃政权;二是开办各级干部培训班;三是发动群众,开展打土豪活动,储备粮食,供应红四军;四是丰顺县赤卫队配合红军四十七团乘机攻打隘隍,动摇敌人后方。

1929年10月,朱德军长、朱云卿参谋长和陈毅主任率领红军6 000多人,从闽西分三路进军东江。25日抵梅城附近,经1小时战斗,攻占了梅县城。28日全军在东江特委的策应下,转移到丰顺县的马图村。

接着,东江特委发出第一号紧急通告,要求各县配合红四军进入东江的行动。丰顺县委接到特委的指示后,迅速落实做好组织、军事、政治和后勤保障等方面工作。组织方面,除派了一名负责同志到东江西北七县联合设的办事机关,指挥和做好配合红四军来东江的行动外,又由县委黎凤翔、杨立中和区、乡苏维埃的同志,在马图村布置欢迎和接待工作。军事方面,组织县、区、乡赤卫队配合东江红军四十六团、四十七团乘机攻占汤坑和隘隍,动摇敌人后方和截击从潮汕方面来援西北之敌。政治方面,印发传单宣传和发动群众起来反对国民党的斗争。后勤保障方面,在马图筹集粮食、甘薯、咸菜和稻草给养,腾出房子让红四军住宿。

(三)聂荣臻在丰顺的革命活动

聂荣臻在他回忆录中对东江地区的斗争历史作了追述:"经过艰苦转战,其余勉强保存下来的很少一点力量(指东江特委)搬到了丰顺附近的大山里,才得以继续在那里坚持斗争。"1929年10月底,中共广东省委常委、军委书记聂荣臻奉令代表省委从香港到东江特委巡视工作,历时约1个月,住在丰顺县隘隍西山村,对东江特委工作与策略方针作了新的部署。

中共东江特别委员会，是1927年4月下旬在海丰正式成立的。1928年6月根据中共广东省委指示，中共潮梅特委与东江特委合并，组成了新的东江特委（即包括惠、潮、梅整个粤东在内的大东江）。1928年年底，东江特委机关秘密迁到潮安县境。1929年1月从潮安秘密转移到丰顺县陷隍崇下、西山、黄礤一带。东江特委办公室和丰顺县委办公室合在一起。

1929年10月底，聂荣臻要从香港来到东江苏区，需要通过敌人腹地。以往省委派来东江巡视的领导干部，往往是来一个就牺牲一个，被称为"不毛之地"。聂荣臻不顾个人安危，英勇机智地通过敌人的封锁线，安全抵达东江特委所在地丰顺县陷隍崇下、西山和黄礤一带，并住在西山南寮子，先后和东江特委负责人肖向荣、东江红军负责人古大存等会面。

聂荣臻在东江巡视过程中，通过座谈调查、听取汇报，了解有关革命斗争情况后，即在黄礤召开东江党、团特委会议，并对东江工作作了部署，提出在军事方面不宜进占惠州和潮汕。东江红军四十七团调回西南，一部分在北山发动潮普揭的斗争，一部分在南山发动潮普惠的斗争，使敌人在西南的基础动摇。四十六团留在丰顺帮助丰顺农民秋收斗争，向陷隍方面发展，一面牵制韩江敌人，一面窥视潮汕状况，使敌人后方动摇。四十八团仍留东南向高陂方面发展，逼近韩江。此军事上的布置可以牵制敌人许多兵力，使敌人不敢全力去对付朱德、毛泽东，延长敌人的战线，红军可得各个击破。在组织方面，聂荣臻肯定了东江特委在领导斗争中取得较好成绩，使东江特委负责同志受到鼓舞。同时，对东江特委本身不够健全的问题采取组织措施，进行适当调整。由原来的常委林道文、贺遵道二人，增加颜汉章一人，从而增强了东江特委的领导力量。对中心工作的问题，聂荣臻指出："东江目前的唯一中心工作，便是坚决实行秋收斗争，只有在这秋收斗争中把东江群众发动起来，东江才是真正斗争的区域，东江的斗争才能与红军的势力汇合起来"。这个指示，使东江特委更加重视领导秋收斗争。

由于聂荣臻巡视东江的正确部署，加上红四军进军东江，有力推动了东江秋收斗争，使游击战争深入持续地开展。由此，推动了红色政权的建立，革命形势迅速发展。1930年5月1日，在丰顺县八乡山滩下庄屋坪隆重召开东江第一次工农兵代表大会，宣布建立东江苏维埃政府和红十一军成立，它标志着东江革命根据地的正式形成。

（四）李井泉在丰顺苏区

李井泉，中华人民共和国成立后曾任中共四川省委第一书记、全国人大常委会副委员长、中共中央政治局委员、中顾委常委、久经考验的共产主义战士、无产阶级革命家。

1927年大革命失败后，李井泉在南昌起义部队，任第二十五师宣传员。9月16日，随朱德南下进入大埔县城。三河坝战斗中被敌人冲散，与部队失去联系。在中共大埔县委联系下，留在大埔开展武装斗争活动。1928年6月间，从大埔调丰顺县团县委工作。7月，住在丰顺县黄金区潘田铁坑村，任黄金区（四区）团委书记。

任丰顺黄金区团委书记。1928年元宵节，丰顺县举行潘田暴动成功后，黄金区团委在潘田铁坑村建立，由陈醒、赖文朋负责，李井泉到职后任书记。他在建立铁坑革命根据地和开辟新区中，经常冒着生命危险，与赖文朋一起开展对敌斗争，从此和赖文朋结为兄弟。赖的父亲关心李井泉亲如一家人。那时环境很恶劣，黄金区警卫队和该区潘田村、白土村联防队经常上山进剿铁坑村，由于李井泉刚来丰顺，情况不熟悉，赖文朋常把李井泉带到一个竹林里的石洞隐蔽起来，白天给他送饭，晚上就回到赖家里住。8月间，在九龙嶂成立"五县暴动委员会"，领导畲坑暴动成功。9月间，敌人为了报复，到处"进剿"革命根据地。一天晚上，趁黄金区白土村联防队10多人正在庆祝"进剿"铁坑村胜利的时候，李井泉避过敌人锋芒，即和赖文朋率领铁坑村农民自卫军一个中队，乘敌不备，奔袭白土联防队，缴敌枪10余支，震惊了敌人，巩固了铁坑革命根据地。

到汤坑区开辟新区。1928年秋天，李井泉随丰顺县委从铁坑一带转移到汤坑区，住在八乡山脚下的河西村和汤坑市郊区的山角村。李井泉与团县委委员廖祝梅一组人，在县委直接领导下，白天躲在山林里，晚上便进村召开农民座谈会，发动广大农民群众参加农会，参加农民自卫军，进行秋收抗租斗争。经过一个多月的深入发动，把汤坑西片的河西村、北片的瑶前村、东片的山角村和石联村的农民组织起来，直接和驻在汤坑市（区）的绥靖部队及警卫队进行对垒。结果，在秋收期间，汤坑区广大农村掀起了抢收抢割和抗租斗争。把粮食掌握在农民手中，保障了革命根据地的给养和斗争，迫使"围剿"九龙嶂和铁坑的敌人，抽出一个营驻扎在汤坑，牵制了敌人对九龙嶂革命根据地的"围剿"。

领导和策划丰顺暴动。鉴于河西村距离汤坑市太近，加上秋收抗租斗争，引起汤坑市驻敌的频频"围剿"。因此，丰顺县委于1928年12月间，转移到潮揭丰交界释迦崠的山下陷隍黄磜、崠下、西山等释迦崠革命根据地驻扎。1929年4月7日至8日，丰顺县委按照东江特委的指示，举行丰顺暴动。李井泉以团县委负责人身份，凭借参加过八一起义和三河坝战役的战斗经验，和县委书记黎凤翔、县赤卫总队大队长刘春共同研究暴动计划，并亲自率队攻打黄金圩和陷隍圩。在丰顺县工农兵革命委员会直接领导下，以黄磜和九龙嶂集中红军和赤卫队600人作为主力，全县划分4个暴动区，先后夺取了四区之黄金圩，二区之陷隍圩，攻陷13个乡公所，毙敌俘敌85人，缴敌人枪支320杆，暴动取得成功。此后，李井泉任中共团东江特委秘书长。

到马图迎接红四军。东江特委于1929年10月20日，发出紧急通知，具体要求各县配合红四军进东江的行动。丰顺县委接到东江特委的指示后，迅速做好落实工作。李井泉会同丰顺县委黎凤翔、杨立中等一起从黄礤出发，绕过敌人哨所，来到马图组织欢迎工作。他白天组织发动团支部、赤卫队、少先队、儿童团等组织，随时迎接红四军到来，晚上则亲自动手书写"热烈欢迎红四军！""东江革命民众团结起来，扩大赤色区域！"等标语。朱德率红军三个纵队6 000人，经梅县松源攻占梅城，然后到丰顺的马图休整。李井泉在马图见到了在南昌起义和在三河坝一起战斗的朱德军长，同红四军取得了联系。1930年，东江特委派李井泉送信到寻乌县红军第四军处，后因返回极其困难，李井泉便随红四军到了中央苏区。

（五）古大存在丰顺的革命岁月

1927年"四一二"反革命政变后，国民党军黄旭初疯狂镇压五华的革命组织和革命群众。1928年春，古大存化名张炳、陈德炎，率领60多名农民武装骨干，转移到茶背、八乡山一带进行革命活动。古大存在崇下大坪埔组织农民协会和赤卫队，接着又在崇下、龙潭、西山等村建立苏维埃政权，发动群众打土豪分田地。他还把被敌人打散的零星武装力量召集起来。在他的领导下，成立了五华、丰顺、兴宁、梅县、大埔五县暴动委员会，任书记。组织举行梅县畲坑暴动，使东江重新升起了"希望之星"，竖起了革命红旗。1929年6月，在陷隍黄礤半坑湖召开东江党代表大会上，古大存当选为东江特委常委、军委书记。

1930年5月，东江第一次工农兵代表大会在八乡滩下召开，成立东江苏维埃政府和中国工农红军第十一军，古大存分别当选为苏维埃政府副主席和第十一军军长。同年7月,古大存奉命率四十六团等红军主力从茶背崇下出发攻打潮州,因敌强我弱,且敌人早有准备,三次攻城未克。但他采取了灵活的战略战术,减少了红军的伤亡。事后他总结经验和教训,怀着一股对党无限忠诚的革命精神,一如既往,努力工作。

1931年11月,在江西瑞金召开的中华苏维埃共和国第一次代表大会上,古大存当选为临时中央政府委员。1932年8月,中共东江特委把古大存调回大南山,任东江红军第一路总指挥。1934年5月,古大存带领红军在丰顺北斗桐梓洋一带活动,还指挥击毙了国民党丰顺县县长林彬,鼓舞了人民的革命斗志。

1935年,广东军阀加紧"围剿"东江革命根据地,中共东江特委决定党组织转入秘密活动。古大存率领18名政治保卫局人员转入八乡山高狝头、桐梓洋一带,与丰、梅游击队配合,进行游击活动。后转战于大埔坚持武装斗争,1938年,中共中央长江局委任古大存为广东省委统战部部长,负责抗日民族统一战线工作。1939年秋,他被选为中共七大代表,任南方代表团团长,赴延安。1945年4月当选为中共七届中央候补委员。

全民族抗日战争胜利后,古大存调往东北,参加土地改革,先后任中共西满分局常委兼秘书长,中共东北局委员、组织部副部长,东北行政委员会交通部部长等职。

中华人民共和国建立后,古大存回到广东,历任中共中央华南分局常委、第一副书记,广东省人民政府副主席,广东省委书记,广东省副省长等职。

(六)刘永生在丰顺北部山区的革命活动

刘永生(1904—1984),福建省上杭县稔田乡严坑村人。1928年6月加入中国共产党。1927年参加闽西地区农民运动。土地革命战争时期,任永定县革命委员会军事部部长兼县赤卫大队队长，福建军区永定独立团团长，红军独立第八师八团团长，永东游击队司令员。全民族抗日战争时期，任闽西南武装经济工作总队队长，王涛支队队长。

1947年夏，刘永生等到马图，将原来活动于梅丰边区的革命武装，改编为"粤东支队独立第三大队"，在丰顺各区设立地方工作队，全面开展对敌斗争。

1947年夏以后，地方工作队广泛出击，曾先后烧毁下汤乡（今龙岗镇）"田亩串册"。到仙洞乡（今属丰良镇）下村、上村收缴团防武装，并到百美、上林、梅桥、布心、黄沙坑、成西等地，打击土豪劣绅，收缴反动武装。与此同时，粤东支队总部先后打击了丰顺小胜和梅县的反动地主李菊园、陈富源的气焰。收缴（大埔）战犯罗卓英、范汉杰等反动武装；并在（砂田）岳坑、梅南等处与国民党军喻英奇部多次激战，壮大了粤东支队军的声势。

解放战争时期，任粤东游击支队队长，闽粤赣边总队长。1949年1月，刘永生任中国人民解放军闽粤赣边纵队司令员，直接组织指挥解放前夕的大坑之战和攻打陷隍的战役。

三、丰顺县革命烈士

（一）丰顺县部分革命烈士简介

黎凤翔（1901—1931）

黎凤翔是丰顺县农民运动主要领导人之一。1901年出生在丰顺县附城区大椹乡龙须围村。1926年加入中国共产党。1926年，中共丰顺支部成立，黎凤翔是支部成员之一。

1927年4月12日，蒋介石公开叛变革命，国民党省党部通令县党部改组，并组织"清党委员会"，通缉黎凤翔等"共党首要分子"。之后，黎凤翔等领导农民武装几十人集合在九龙嶂柑子窝等地开始建立革命根据地。

1927年10月，广东工农革命军东路第十团和军事委员会成立，黎凤翔等为委员。1928年2月初，东路第十团攻陷了潘田乡团防，由黎凤翔等6人负责成立了潘田乡苏维埃政府。1928年5月，九龙嶂组成中共丰顺临时县委会，黎凤翔为临时县委书记。7月，五华、兴宁、梅县、大埔和丰顺的革命武装，到九龙嶂会师，成立"五县暴动委员会"，黎凤翔是委员之一。五县暴动委员会领导了震动全省的畲坑暴动。

1929年，在第二次党代表大会上，黎凤翔当选为县委书记。1930年5月，黎凤翔被选为东江苏维埃政府执行委员。12月23日，奉令上调广东省委工作。1931年3月3日在往北江途经曲江时，被叛徒出卖而被捕。黎凤翔在狱中坚贞不屈，刑场上高呼："中国共产党万岁！"从容就义，时年30岁。

黎果（1903—1934）

黎果，乳名黎曾国，1903年12月生于丰顺县附城区大椹乡。土地革命战争时期，曾任丰顺县委委员、书记、县革命委员会委员长、中共丰（丰顺）梅（梅县）县委副书记、书记，东江苏维埃政府执行委员、常委等职，为东江地区梅埔丰革命根据地，作出了卓越的贡献。

1927年参加了二次攻城暴动。攻城失败后，跟黎凤翔等人上九龙嶂柑子窝坚持斗争。1927年冬，加入中国共产党。1928年2月4日，黎果参加第三次攻打丰顺县政府的暴动。1929年3月5日，中共丰顺县委扩大会上，黎果被任命为中共丰顺县附城区委组织委员。1929年10月15日，中共丰顺县委在叶华宝田庐召开工农代表大会，黎果当选为丰顺县革命委员会委员长。

1930年5月1日，东江工农兵代表大会在丰顺县八乡山召开，成立东江苏维埃政府。黎果当选为执行委员，并且是东江苏维埃政府十五个常委之一。1930年10月，丰梅重新组建县委，黎果任书记。

1934年5月29日,黎果奉古大存命,协同红军班长带领8位游击队员,午夜潜入丰(丰良)汤(汤坑)公路的南蛤龙岗路段埋伏,击毙国民党丰顺县县长林彬。

1934年,黎果以潮普惠军需的身份,化装到平原地区为游击队采购寒衣,遭国民党反动派包围,在突围战斗中壮烈牺牲,时年31岁。

彭在璇(1892—1930)

彭在璇,原名彭久班,1892年出生于丰顺县龙岗区松江乡江下村一个农民家庭。在潮安金中读过书,1923年在黄金小学任校长。

1926年春,丰顺县成立国民党党部,彭在璇被选为县党部监察委员。1926年参加中国共产党,是举行"四一五"丰顺暴动的领导人之一。

他先后带领农民赤卫队,配合革命军十团,于1928年2月4日,攻打潘田乡治安会,2月12日参加第三次攻打丰顺县城。此后,国民党通缉彭在璇。在这险恶环境下,他的爱人和两个孩子,随队伍走动。1928年8月,带领孩子连夜从九龙嶂百客塘出发,参加了攻打梅县畲坑的暴动。1930年9月26日,彭在璇不幸在双髻嵙下的江坑村崩塘缺被敌人所捕,同时被捕的还有其爱人邹德娘。

为把共产党一网打尽,在他被禁的25天中,敌人有时设宴来收买他,千方百计想诱他投降;有时则进行严刑拷打、迫供。但他宁死不屈,敌人一点都弄不到共产党的情况。

1930年10月21日,彭在璇在县城高桥下英勇就义,时年38岁。

刘中天(1894—1930)

刘中天又名刘焕然,1894年出生于丰顺县大龙华区叶华乡一个富商家庭。1926年夏,参加了丰顺县以教师为对象的农讲班,不久,在黄金小学参加中国共产党。

1928年初丰顺县各地革命形势风起云涌,以黎凤翔等为领导的农民武装在县城、潘田、黄金、汤坑等地组织暴动,革命烈火熊熊燃烧。国民党反动派惶惶不可终日,在1928年3月通缉刘中天。

但刘中天没有被吓倒,1928年11月在叶华乡宝田庐召开的丰顺县工农兵代表大会上当选为丰顺县革命委员会委员。1930年5月1日参加了八乡山召开的东江第一次工农兵代表大会,当选为东江苏维埃政府候补委员。大会以后回梅、埔、丰一带组织武装,配合四十六团出击敌人。1930年8月16日在畲坑战斗中不幸被捕。他在敌人严刑拷打下坚贞不屈,表现了一个共产党员的高贵品质。敌人威胁利诱,一直不能从刘中天口中得到一句话,最后被押往畲坑对面的染布坪枪杀,牺牲时36岁。

邓子龙(1889—1930)

邓子龙,原名邓京兆,邻里都叫他"阿兆",丰顺一区冠草塘人,1889年出生在较为富裕的家庭。大革命时期,子龙在同乡黎凤翔的影响和带动下,投向革命,共同组织农会,坚决勇敢地向豪绅地主开展斗争。

1927年秋,梅县郑兴等带领的工农武装来到九龙嶂,与丰顺的农军会合,成立广东工农革命军东路第十团和建立九龙支部。十团下辖中队,子龙为第八中队队长,并且是九龙支部的党员。1928年春节,十团奉命攻打潘田团防,子龙为中队请战,担负突击任务。配合团的主力,消灭了反动武装。团长称他为"邓子龙"。从此阿兆便改了名。

1929年1月1日,子龙参加了在镏隍黄礤召开的第二次全县党员代表大会,当选为县委委员,参加军委分工,负责武装工作。6月中旬,东江第二次党代会选出新的东江特委。随后,东江军委把华丰兴梅的工农革命军常备队改编为东江红军第四十六团，子龙任团的副官。1930年5月，在八乡山滩下庄屋坪召开东江第一次工农兵代表大会，正式宣布中国工农红军第十一军成立，四十六团编入红十一军建制，子龙任该团副团长。

阴险的敌人暗中收买跟随子龙多年的随从，定出捕捉子龙的毒计。邓子龙被捕后，敌人便对他施用酷刑。他们剥开子龙的上衣，在他胸前绑上洋油桶，再往桶里灌开水，威胁子龙把秘密说出来。子龙咬牙，怒视敌人，始终没有吐露革命组织的秘密。

1930年冬月的一个县城圩日，全城戒备森严，如临大敌。邓子龙挺着刑余的身躯，昂着不屈的头，拖着沉重的镣铐被押赴刑场。

1949年秋，叛徒受到了正义的审判。

陈士珍（1900—1930）

陈士珍是丰顺县黄金区潘田乡早期的共产党员。他自小读书聪明过人。1924年开始在隘隍的九河小学和潘田砂塘小学教书。1926年，投入了农民运动。1927年春，组织北区农民协会，使整个潘田乡大部分村庄成立了农民协会。

陈士珍曾三次带领农民自卫军，举行武装暴动。陈士珍是丰顺第一个乡苏维埃政权委员之一。陈士珍积极带领赤卫队开展游击活动，开辟新区，建立革命根据地。1927年，经过四个多月的活动，于8月在黄磜建立中共第二区委员会，创建了黄磜革命根据地。1929年1月，陈士珍调二区任委员。根据东江特委的指示，在黄磜成立丰顺县工农兵革命委员会，陈士珍任委员、常委。

由于反动分子告密，他在崟下被捕。在狱中，尽管敌人严刑拷打，他始终表现了共产党人坚贞不屈的革命精神。他的顽强斗争意志，感动了看守监狱的士兵，结果越狱成功。

1930年冬，他到八乡小溪开群众大会，被当地叛徒出卖，被捕解往县城丰良监禁。因敌人在他身上得不到一点情报，恼羞成怒，把他带到高桥下杀害。

罗欣然（1893—1931）

罗欣然，又名罗增喜，大埔县古野区三洲乡培美村人，中共党员。1925年参加革命，后随国民革命军东征军北伐入闽。后回到大埔，在埔南从事农运。1927年冬，罗欣然在中共广东省委扩大会议上，当选为东江特委特派员兼丰顺县委书记。同时就任工农革命军东路第十五团参谋长。

1928年夏，九龙嶂成立了五华、兴宁、梅县、大埔、丰顺的五县联合委员会，罗欣然任暴动委员会委员。1929年9月上旬，东江特委举行第二次全会，罗欣然选任秘书长、军委委员。

1930年5月上旬，罗欣然当选为东江苏维埃政府执行委员，中国工农红军第十一军政治部主任。1931年，罗欣然不幸牺牲在丰顺县埔南边境。

邹玉山（1905—1932）

邹玉山，丰顺一区邹家围人。丰顺农运兴起时，玉山是邹家围农会首批会员。1926年加入中国共产党。1926年年底，邹玉山被选送参加县农民自卫军训练班，结业后被编入县农民自卫军模范队。然后，他奉命返邹家围，组建邹家围农军中队，受任副中队长。1927年邹玉山闻知黎凤翔等率一支农军上了九龙嶂，安营扎寨，坚持斗争，遂率所属农军赶到九龙嶂汇集。

尔后，广东工农革命军东路第十团及其军事委员会成立。邹玉山任第二中队队长。1928年，在华丰兴梅埔五县暴动委员会的领导下，举行了畲坑暴动。邹玉山率领第二中队战士英勇战斗，取得出色战绩，受到了表扬。

1929年1月，丰顺县第二次党代表大会在馏隍黄礤召开，邹玉山当选为新一届县委委员、常委。之后，县委为了统一领导全县的工运，乃成立丰顺总工会筹备处，邹玉山受命为主任，主持筹备工作。

1930年秋后，邹玉山被分配参加埔丰县委的工作，经常活动在以铜鼓嶂为中心的埔丰梅边区一带，坚持斗争。1932年6月，邹玉山在马图丹竹坑与进入苏区搜剿的敌人的战斗中不幸牺牲，时年27岁。

卢济堂（1899—1933）

卢济堂，原名卢齐宝，1899年10月23日出生于丰顺县八乡山大竹园村卢屋场一个农民家庭。1926年参加了丰顺县农民协会组织。1927年"四一二"反革命政变后，投身农军行列，参加围攻国民党丰顺县政府的武装暴动。1927年9月被当地反动头目通缉。后经组织同意，到荐竹湖以教书作掩护，开展秘密活动。

1928年11月，加入中国共产党。1929年2月19日，出席在八乡山石见坑召开的中共五华县第一次代表大会。2月底，组织大竹、滩下、贵人、方吉等村武装暴动，攻击贵人、严礤湖联防驻地，枪杀2个反动头子。1930年3月任八乡区委书记，5月1日作为八乡山革命根据地的代表，出席了在滩下庄屋坪召开的东江第一次工农兵代表大会。

1932年初，八乡山革命低潮时期，卢济堂化装成商人，在外地周旋，8月底在香港与党组织取得联系，返回八乡山恢复革命活动。1933年5月中旬，因叛徒告密，不幸在观音坐莲山上炭寮里被捕。在丰顺、五华狱中，遭到国民党反动派的严刑拷打，坚贞不屈。8月，敌人以解送省城为名，途中被杀。牺牲时年34岁。

蓝云标（1907—1929）

蓝云标（女），丰顺大龙华坪子村人。1927年在同村革命青年的影响下，毅然加入了农会，并积极参加宣传活动。

蓝云标有一副嘹亮的歌喉。当地群众酷爱山歌，她就自编自唱，用山歌宣传革命道理，宣传婚姻自由，鼓动群众与反动势力作斗争。蓝云标勇敢坚强当好地下交通员，为组织送信，掩护革命同志开展工作。1927年秋，由李坚真介绍，蓝云标加入中国共产党。1929年，丰顺县第四区成立革命委员会，蓝云标任副主任。

1929年冬，蓝云标不幸落入敌人的魔掌。敌人如获至宝，妄图从她嘴里得到赤卫队活动情况。她豪迈地说："我生是革命人，死是革命鬼，要想从我口中得到什么消息，办不到！"心狠手毒的敌人，见软的不行就用硬的，蓝云标被反绑在祠堂大梁柱上，用皮鞭抽打，用尽酷刑，但敌人无法从她口中得到一言半语的消息。在押禁期间，蓝云标坚贞不屈，大义凛然，用山歌鼓舞难友的革命斗志，怒斥敌人残害百姓的滔天罪行。敌人兽性大作，贴出了杀害蓝云标的告示。敌人把蓝云标双手绑在十字形木桩上当活靶，蓝云标威武不屈，英勇就义。临刑时尽情高呼："中国共产党万岁，万万岁！"就义时年仅22岁。

刘春（1900—1929）

刘春，原名刘乃宏，字达明，紫金县城人。1900年出生于贫苦家庭。1922年，先是参加中国社会主义青年团，不久参加了中国共产党。1925年4月，赴广州农讲所第四期学习。10月初随军东征，受国民革命军政治部主任周恩来之命回到紫金，筹建党团组织，筹建国民党县党部。

南昌起义军进入东江时，刘春在海陆惠紫工农革命军总指挥刘琴西领导下东征西讨，迎接南昌起义军，参与东江第二次、第三次大暴动，建立苏维埃政府。

1928年冬，奉命赴港受军事训练。1929年春调回东江特委，分配到丰顺工作。他积极协助当地把丰顺县各革命组织恢复起来，重建农民武装，培训军事骨干。1929年4月上旬，刘春率赤卫队参加了丰顺暴动。

11月初，刘春等6人在参加东江特委会议，途经黄金附近的嶂背木子崇时，突然被敌人包围。刘春指挥战友们奋起迎击，终因寡不敌众，刘春等4人英勇牺牲。其时刘春年29岁。

陈永年（1901—1927）

陈永年，又名陈寿平，1901年出生在丰顺县铜鼓嶂下的砂田占头村。陈永年小时候聪明好学，先在家乡的养中学校读书，1916年考入潮州金山中学，1920年9月毕业。随后，他上省城求学，考入广东公立法政专门学校。

陈永年自读中学的时候开始，便受到革命新思潮的影响。在金中上学时，他接受了无产阶级革命的思想，积极参加了五四爱国运动。中国共产主义青年团成立不久，陈永年即加入了团，并且成了团的外围公开组织的广东新学生社的第一批骨干，是法政专门学校新学生社的负责人。他在社、团组织中积极工作，1923年暑假后介绍多名进步青年加入新学生社。

陈永年除搞学运之外，又搞工运，担任建筑工会秘书的职务。他团结进步工人的力量，勇敢对黄色工会作斗争，日夜不知疲倦地工作。

陈永年为人热诚正直，能坚持真理，于1925年秋，参加中国共产党。公开的身份是国民党广东省党部组织部秘书。

国民党反动派害怕工农真正解放，就早蓄谋背叛革命。1927年继蒋介石在上海发动反革命的"四一二"反革命政变后，广州又发生了"四一五"反革命政变，革命机构遭破坏，大批共产党员和革命分子遭到逮捕和屠戮。陈永年随组织被迫暂避香港。后来他受组织派遣，秘密回到广州活动，不幸被反动军警逮捕。陈永年的三哥陈梅谷在南洋经商，闻讯赶来香港，拟协同组织进行营救，但因形势急转，营救失败。陈永年遂于1927年8月12日在广州被反动派杀害，时年仅26岁。

赖文朋（1910—1929）

赖文朋，又名赖永城、赖云鹏，1910年生于潘田区（原四区）填江乡铁坑村一个农民家庭。1926年在县立第一区高级小学毕业。经人举荐，于1927年春在本村小学任教，并在当年参加了共青团。

在山区铁坑村教书的共青团员赖文朋，既教书、宣传共产主义，又组织少年先锋队，还利用晚上写标语、制犁头旗，工作十分努力。1927年5月15日，他与农会员一起开赴东关坳，参加第一次攻打县城的战斗。1928年2月4日，参加潘田暴动，攻打潘田乡治安会。攻陷潘田后，建立起了丰顺第一个乡苏维埃政权。同年2月12日参加第二次攻打县城。赖文朋起了共青团员的先锋作用。

1928年春节后，参加南昌起义部队的李井泉，在三河坝战役后，从大埔来到铁坑革命根据地。赖文朋以教书的工作关系，很快和李井泉结识，赖家也成了李井泉的"堡垒户"。李井泉在铁坑工作期间，赖文朋经常在夜间陪伴他到各村开展革命工作，使铁坑这块革命根据地在党的领导下，得到巩固发展，不仅在铁坑建立起中共丰顺县第四区区委会，还在黄砾革命根据地建立了中共丰顺县第二区委会。

国民党反动派害怕革命根据地的发展，经常对铁坑进行"围剿"，因李井泉是外来干部，口音不同，容易暴露身份。为掩护李井泉，赖文朋在一处名叫桃子溜的竹林里搭起一个茅寮，给李井泉躲避。白天给李井泉送饭，没有敌情时，晚上便带他回家住宿。就这样，赖一家人千方百计保证李井泉等外来干部的安全。

1929年2月，赖文朋在八乡山境活动时，在一次突围战斗中不幸牺牲，时年19岁。

朱炳南（1899—1929）

朱炳南，原名朱观招，1899年出生于八乡山黄竹坪村的贫苦家庭，是土地革命时期八乡山区较早的中共党员和农民运动领导人之一。由于家庭贫困，朱炳南小时候没读多少书便中途辍学。他性格诚实正直，聪明识礼，虽读几年书，但能用脚夹着毛笔写一手好字。他从小就看到了地主豪绅为非作歹、弱肉强食、鱼肉农民的种种行为，在幼小的心灵中便撒下了反压迫、反剥削的种子。

继蒋介石"四一二"反革命政变后，国民党通缉共产党，"围剿"各地农会组织，但朱炳南面对国民党反动派的血腥镇压，把个人的生死置之度外，毫不畏惧，于1926年参加了共产党，在八乡山继续领导农民开展革命活动。

1928年5月，古大存带领五华县革命骨干，到八乡山黄竹坪村后，便与马过劲、朱炳南等取得联系，接着秘密串联活动到下马山、张屋山、上马山、石涧坑、黄沙潭、老卢下、黄沙坑等乡村。7月便在马屋山（小溪苦仔溜烧炭寮）建立起一个"贫农自救会"。以后，逐步扩大到八乡山各乡村，各乡相继成立了农民协会、妇女会、赤卫队、童子团和少先队等组织。

1928年10月，在八乡山大竹园召开农民代表大会，成立五华县第九区（八乡山）农民协会，朱炳南被选为副会长。1929年2月，他以区委代表身份出席中共五华县委在八乡山小溪乡召开的第一次党代会。同年5月下旬，五华县委在贵人村召开各乡工农兵代表大会，成立五华县第九区苏维埃政府，朱炳南被选为主席。

1929年秋，朱炳南积劳成疾，在八乡贵人村病故，终年30岁。中华人民共和国成立后被追认为烈士。

徐位班（1905—1930）

徐位班出生于丰顺县东联乡横潭村一个贫苦农民的家庭。他的父亲徐名康，一贯务农。徐位班在三兄弟中排行第二，是个朴实的农民。1928年参加本村的赤卫队，后任横东乡赤卫队通讯员。他入伍后，忠诚、积极为革命工作。1930年6月，一次因紧急通报敌情，途中遭敌人杀害，时年25岁。

他投身革命后，曾参加过两次打击潘田、隬隍国民党反动军队和地主土豪的战斗，在战斗中表现英勇顽强。1927年，中共丰顺县委在横潭村建立了活动点。革命低潮时，国民党反动派多次"围剿"在该村活动的共产党人，并对该村进行烧、杀、抢。一次，为了保护革命同志和人民的安全，他奋不顾身，冒着敌人的枪林弹雨，往梅溪通报敌情。不料碰上包围上来的敌人。他立刻掉头，跳下钴鉧潭，意图游过溪对面，操小路走。但那里山溪的潭水，清澈见底，而敌人又是居高临下，以猛烈的排枪射击，造成血染钴鉧潭！后人以《血溅钴鉧潭》为题，赋诗悼念。诗云："释迦崇下是吾村，进出家门赤卫军。翠山郁郁竹松震，沧水悠悠云雾侵。血溅碧潭凝恨大，尸呈苍石铸冤深。泪如泉涌人同哭，烈士坟前誓壮心。"

徐名船（1924—1948）

徐名船1924年生于丰顺第三区埔头乡榕树角村。他10岁读书于振东小学，后因生活困难，在家帮助其父耕田并卖豆腐。全民族抗日战争爆发后的1937年10月，在共产党领导下，汤坑青年抗敌救国同志会成立。当时其兄徐大器在小学教书，也参加了该会，1938年还加入了共产党。徐名船在其兄影响下，逐步懂得一些革命道理。1947年10月投身革命，成为中共揭丰华边县委武装工作队10名成员之一。这个队伍后来被群众称为"汤武队"，一直活动在八乡、河西、东山一带。1948年1月，汤武队接到任务，决定夜袭石桥头联防，收缴其新买的1挺机枪，一战告捷。在缺乏枪支弹药的情况下，部队缴获了1挺机枪，真是如虎添翼，士气高涨，徐名船也被提升为汤武队小队长。

当了小队长的他，学习、练兵更加积极，帮部队找住地、运粮食，样样争着干。他关心同志，平易近人，深受战士和当地群众欢迎和爱戴。

在1948年的一次对敌作战中，徐名船奋不顾身带头冲入敌人驻地，不幸胸部被敌人击中两发子弹。当后续部队赶到时，徐名船已壮烈牺牲，时年24岁。

洪茵（1924—1949）

洪茵1924年生于潮安县浮洋镇，日军侵华，潮汕沦陷，她随家人移居梅县。1949年前在梅县东山中学读书时与林若、洪刚等同志一起参加地下工作，后转移到潮安凤凰山区活动。1949年受中国人民解放军闽粤赣边纵第四支队委派到丰顺县白芒畲（现官溪村）等筹建交通站，发动和组织群众开展革命斗争。1949年8月30日，因当地有人向驻扎在潭江的胡琏匪军告密，匪军数百人突袭白芒畲武工队驻地。身患重病的洪茵临危不惧，带病指挥武工队其他同志转移，自己则顽强抵抗胡琏匪军，终因寡不敌众，洪茵和李钗同志不幸落入敌手，英勇就义。她牺牲时年仅25岁。

（注：本部分内容选摘自1988年丰顺县党史办、县民政局合编的《丰顺英烈传》）

（二）丰顺县革命烈士名单

（1）大革命时期和土地革命战争时期（1937年7月6日以前）牺牲的烈士799人，另无名烈士21人，共820人：

曾为创	刘纪安	张福来	张名禄	张金德
陈　订	曾　运	陈少宗	马如金	马汝条
曾光采	马绍听	陈　念	马耀拱	黄观城

曾书心	廖案娘	曾　浇	曾为锐	马汝淡
卢法先	黄　胜（黄振银）		曾　怀	曾为暖
廖亚祥	朱观金	马耀唇	陈汉华	陈　康
陈　斩	许有成	林崇意（林石扑）		冯　通
林运秀	许　运	杨春秋	杨春超	杨能胜
杨春粟	陈秀英（学老妹）		张亚清	许春菊
张潮浪	张楼忠	曾白恩	林石扑（林崇意）	
许清着	曾林娘	许春占	张进昌	林仁风
陈招娣	许春善	张俊先	张立昌（张标忠）	
廖玉姐	张汉忠（张亚汉）		卢运妹	许春夏
许立刚	曾亚树（曾庆树）		杨能水	许兰香
张贵有	张央忠	魏招妹（魏麻妹）		杨就端
傅其增（傅其争）		冯世楼	陈皇正	陈修坪
陈家应	黄光逊	黄佳勤	杨职床	刘德拨
吕群章	马国山	马伦古（马绍伦）		杨　双
杨职旋	黄声林	黄细畔	马双后	黄淡祝
黄宗助	黄佳年	黄佳永	陈锦常	杨职芴
杨职银	黄元可	陈陧团	黄要柿	杨常楼
杨　职	陈兴远	陈隆回	马耀汝	马尔装
马耀特	胡水裕	胡酿泉	马耀般	黄世宝
黄琼学	黄宗透	陈国者（陈生镰）		胡声济
陈　料	黄宗松	黄武满	陈家风	黄佳三
黄佳敬	吕定宜	冯昌轩	黄元动	黄武暖
傅其顽	陈帮算	陈亚砖（陈云辉）		陈家兴
陈亚修（王　风）		王晋防（王学琼）		
冯世荣（冯奇华）		黄正洋	李传秀	杨禹生
王忠和（王明浇）		王碧巫	黄利战（黄承装）	

陈正坤　　　刘胜标　　　徐添盖　　　刘少生
吴耀光（吴奕旺）　巫二妹　　　蓝增有　　　江七妹
黄连进　　　王基同　　　蓝春林　　　薛为风　　　蓝增来
王明畅　　　王高丁　　　李增富　　　黄度娘　　　李胜旋
王庚娘　　　王步提　　　李佛保　　　王仕钦　　　朱远禄
邓大波　　　杨海泉（杨兴煽）　　　杨兴壁　　　郑国清
丘祖钟　　　徐位班　　　朱　严　　　徐名考　　　黄明泉
黄阅并　　　郑　标　　　郑兆泉（郑金泉）
朱性帐（朱新掌）　　　杜洪青（杜江清）　　　徐云菜
吴昌严　　　吴桂生　　　彭洪山　　　谭　效（谭英效）
洪世村　　　黎缝记　　　邓从胜（邓奕村）
邓金祥（邓锆尝）　　　邓完记　　　黎凤翔
黎集庄（黎送三）　　　张弼伦　　　谭益三（谭英清）
杨智拾（杨　华）　　　杨　班（杨蕊初）
黎生波（黎集浪）　　　杨振球（杨兴澄）　　　黎本龙
彭百南　　　刘云五　　　洪先倍　　　洪德性　　　黎集正
黎采连　　　黎英标　　　黎瑞煎（黎瑞梅）　　　洪德汤
黎瑞水　　　张学炉　　　杨立溇　　　邓大宁（邓大廉）
谭　利　　　黎　务　　　邓亦芬　　　杨兴浇　　　杨立夺
黎子平　　　黎崇通　　　黎德栋　　　黎清船（黎赞常）
杨兴铲　　　杨世煎　　　黎敦谈　　　黎集通　　　饶世达
杨朝拱　　　黎本营　　　黎本田　　　杨道忠
黎　晓（黎清晓）　　　陈运钦　　　黎清冉
黎清先（黎　先）　　　黎集的　　　黎百坚（黎本湘）
杨贵方　　　黎清监　　　杨一中（杨耕生）　　　杨火星
杨巫娘　　　何　融（何　棋）　　　何　雄（何　军）
邓大廉（邓泰廉）　　　黎集湖　　　邓德标　　　王　仪

黎本轩　　　黎崇甚　　　黎本谈　　　　黎数记　　　邓奕跳
王　谷　　　邓子龙（邓　兆）　　　　黎崇当（黎　当）
黎崇养　　　黎崇谈　　　黎崇钳　　　　黎崇营
邓瑞延（邓太略）　　　　黎曾国（黎　杲）　　　　吴永炎
李兆田（李兆湲）　　　　邹致一（邹守砖）
邹玉山（邹其仰）　　　　刘细祥　　　　彭立添
彭海云（彭大浮）　　　　陈伟香
刘首难（刘育初　刘首初）　　　　　　刘首班（刘　般）
邹其路（邹道平）　　　　邹玉成　　　　简昌优　　　陈林雨
张诗康　　　刘及还　　　刘游源　　　　张裕炉（张华新）
陈林池　　　陈林其　　　刘和添　　　　杜长楚（杜长助）
陈林克　　　冯东泗（冯宗四）　　　　冯采环　　　冯汉捷
陈林坪　　　陈林峰（陈来芳）　　　　赖文明（赖永成）
冯　纯　　　朱琼水（朱雪阶）　　　　朱名谦　　　冯祖烟
刘和王　　　冯尧仓　　　陈林水　　　　朱丙光　　　张书威
陈松福　　　简昌全　　　冯　别　　　　朱名江　　　陈悉香
朱方来　　　陈法娘　　　刘际丙（刘沐炳）　　　　陈林丑
陈林榜　　　陈林文（陈林汶）　　　　刘清数
郑茂胜（郑松胜）　　　　唐西壁　　　　朱长生　　　郑亚床
刘昌水（刘金水）　　　　杜集祥　　　　杜长庆　　　郑采郭
郑雁云（郑正会）　　　　刘玉祥（刘国祥）　　　　刘月盛
赖永钦（陈永钦）　　　　林新云（林煌云）
彭王和（彭瑞和）　　　　彭王接　　　　彭迈言　　　彭荣昌
刘达三　　　彭丰其　　　朱文济　　　　彭丰得　　　彭云深
彭远林　　　彭伟层　　　彭龙荣　　　　彭叔君（彭坛雄）
彭龙在　　　彭振止　　　刘友三　　　　彭洛大
钟亚梓（钟　梓）　　　　钟　广　　　　蓝得清　　　陈运安

钟　雄　　　何付云　　　陈亚其　　　邓国针　　　陈木荣
陈亚胜　　　邓双富　　　陈存志　　　危正丙（危松定）
吴　水（吴瑞英）　　　饶练启　　　杨智浪　　　杨　鼎
饶执开　　　饶世达（饶　达）　　　钟　胡　　　蓝　洪
饶仲夫（饶会喜）　　　陈娘恩　　　钟火元　　　饶伟吾
饶昔开　　　饶珍掌　　　饶双来　　　饶火源　　　饶　垢满（饶够满）　　　彭昌雪　　　彭琼现　　　彭新命
彭道胡　　　彭家浮　　　蓝俊华　　　蓝俊协　　　彭庆采
蓝俊荀　　　陈金安　　　蓝　州　　　彭在璇　　　彭蕊秋
彭治耐　　　彭锦新　　　邓　毫　　　蓝进学　　　黄锦标
彭月卿　　　彭尚原　　　彭为月　　　彭为当　　　彭富林
朱报助　　　朱报兴　　　朱文石（朱文右）　　　朱文火
朱灵书　　　朱国完　　　朱文训　　　朱国新　　　朱国灶
朱国雍　　　朱国件　　　朱国渐　　　朱国钗
朱冠球（朱章财）　　　朱章看（朱洪森）
朱定冬（朱章议）　　　朱洪杰（朱章供）　　　朱章告
朱淑涛（朱报占）　　　朱孔声（朱章典）　　　朱文象
彭信掌　　　朱新裕　　　彭加深　　　黄　腾（黄义和）
彭年华　　　彭水清　　　彭石生（彭义先）　　　张　录
彭焕瑞　　　彭铁大　　　彭三福　　　彭金活　　　张　木
彭益贵（彭　由）　　　彭　开　　　彭治雀　　　刘集娘
刘娘利（刘　丙）　　　刘标桂（刘广达）　　　何凑英
朱新供（朱淑英）　　　蓝汉章　　　何新添　　　谢国周
何明忠（何双传）　　　谭龙香　　　刘怡杨　　　饶堂英
蓝仅英　　　刘亚模（刘玉然）　　　刘添礼　　　刘金榜
朱日旋　　　黄自我（黄业龙）　　　黎天央　　　陈添和
李相林　　　侯耀煌　　　侯玉耿　　　管右巷

谢王辉（谢敦特）	谢天生	刘锦香	谢晓元
刘树银	黄金来（刘金梅）	刘国传	蓝云标
刘　期	管业怀	谢国祥	刘达荣	管业亮
刘忠天（刘焕然）	刘汉池	刘隆传	谭增茂
刘隆镜	刘隆森	范三娘	吴艮娘	刘团香
朱新桃	吴昌维	刘　练	李　胜	郑　真
蓝明汉	蓝明珠	蓝　周	丘兰娇	谭秋江
刘娥娘	谭光晋	侯玉钦	何火城	李　文
管业泉	李日锡	李　晋	谭增秋	朱永迎
朱　昌	简昌世	朱松茂	谭洪兴	简绪耀
张内娘	彭程生（彭　生）	管晋传	刘听娘
钟才娘（钟早娘）	吴东海	彭兰用	李月章
陈益华	简云衣	赖水吾	彭奕声
朱新仁（朱寿三）	李明朋	谢泰柱（谢才柱）
朱新隆	彭集暖	谭水源（谭金妙）
朱新炮（朱　炮）	吴朋隆（吴朋英）	简在忠
张伯林（张雨田）	林娘保	刘尽娘	彭德心
简问芝（简昌运）	张来付	洪水前	简昌隐
管友炉	王雨山（王增昌）	陈　智	陈其中
张　进	张晃朋	张定益	陈思尚	陈　邦
陈杨杆	王左芝（王亦纯）	张可炎	郑尚全
刘洪活	张　早	陈　日	王　腊	陈　滔
陈　注	陈　说	陈　旺（陈　其）
陈　讲（陈　满）	张贵堂	王其祥	郑甘娘
张界和（张焕浓）	张左托	张忍榜
张礼禄（张侃禄）	张　砚（张佐顺）	陈杨者
陈杨宥	杨立捷	郑光汉（郑芳云）	陈　正

陈　长	张义品	陈赞浮（陈　浮）	杨立园
王其协	张　作（张佐作）	陈少辉	刘焕春
李　发	邓亦芬	张遇林	王要南
张井生（张玉林）	徐名鸿	朱丙南	翁有桂
李佐宾	张　省	翁大金	钟　居	林　井
翁南溪	郭碧月	郭裕业（郭文敬）	
洪先城（洪伟臣）	刘子枝（刘子承）		
朱新煌（朱焕廷）	钟成焕	张　德	
朱文段（朱日亭）	卢英光	何奕村	彭树林
张庚铭	梁　芝	朱新欣（朱培元）	朱文禄
朱成章（朱新柴）	朱文耀	刘顺周	蔡克照
蔡克远（蔡邦州）	蔡克学	蔡克通	蔡克抄
刘永泉（刘少初）	朱维横	彭明浪	钟雨泉
张进良	罗则英（罗则炎）	张公清	彭荣台
朱新助	彭少梅	朱干陈（朱年陈）	朱水生
朱少谦（朱新思）	朱新恒	朱日山（朱少岳）	
彭清惠	泊新洪	朱文礼	朱汉堂	彭少辉
朱章名	朱新报	陈　石	朱新庆	朱章活
朱文灼	朱新炮	谭加琼	朱少初（朱文圹）
朱新完（朱文完）	彭永创	朱新锦	朱文兵
朱日哲（朱士庵）	朱新镜	朱文济	杜日林
杜达砍（杜世砍）	刘益榜	刘　炎（刘杯只）	
刘木体	林振兵（林奕可）	林启养（刘喜养）	
江幼初（江运记）	刘丙生	刘保翠	
刘宏阶（刘金阶）	刘上壬（刘升平）	胡应舟	
刘及火	刘和云	刘和黎	李赞寿	刘和甘
刘如川	陈献瑞	刘和田	刘遇安	刘及云

陈士珍	胡崇雅	吴　镜	刘玉浪	陈淑芝
刘金标	刘春兰	（刘四周）	刘遇生	陈由楼
陈芝盛	刘和希	刘及英	刘郁原	郑顺胜
刘进兴	刘慈杨	刘和惠（刘和专）		刘和红
刘及帮	杜福荣	马成发	朱祖耀	胡亚真
朱文榜	朱学连	朱喜绍	朱鹿带	朱忠清
朱钦娘	朱喜凑	朱为台	朱芝娘	曾广喜
朱方晓	李传兴（李得昌）		陈羌娘	邓极端
李育环（李石养）		李宏光	李　延（李汉清）	
罗荣昌	罗度昌	罗永记	张礼名	张石水
张德祥	张礼福（张振玉）		苏接胜	苏文国
徐　果	李江接	李绍泉（李清初）		
李明德（李秋仃）		李振济	吴金利（吴子玉）	
廖兰英（廖秋娘）		罗裕昌	李家处	
罗国平（罗创昌）		钟　坚	官德臣（官亮彩）	
李河清（李　清）		李佳我	廖杉头	钟百良
钟　李	李甘树（李桂方）		李子然（李石玲）	
王娘彩（王　德）		范义华	范义明	范娘送
范金廷	洪先章	丘晋然（丘传周）		张锦城
巫达荣（巫丙熹）		张丙木	廖天落	廖石墙
廖其伸	罗名堆（罗维昌）		林乃暖（林卫兵）	
林冯南（林卫平）		张接胜	廖石坪	
廖红渡（廖洪渡）		谢凤池	张　仰	张生调
李秋琴	李要扭（李文运）		李运三（李亚标）	
李道成（李练光）		林汉文	杜绍宏（杜达荣）	
李少争	李升平（李百顺）		朱绍轩（朱勇枝）	
李金章	李永奠（李定轩）		李耿春	

李明松（李柏松）　　　　李昔忠　　　廖凤池（廖运昌）
李文潜（李安潜）　　　　刘子彭　　　李永通　　　李栈兴
李永秋（李立成）　　　　李文森　　　廖加新　　　李文奈
杨镜光（杨生济）　　　　李永严　　　李应班　　　刘温山
李文燎（李　燎）　　　　李顺初（李明栈）　　　　程昔昌
程财灵　　　梁国柱（梁接时）　　　陈永年
陈思永（陈松金）　　　　文来接　　　陈宋洪
陈掌堂（陈芝华）　　　　曾丙昌　　　廖海玉（廖　解）
丘德鑫（丘妙番）　　　　杨少球　　　杨日初　　　郭伴香
江新元　　　邓时增　　　黄国兴　　　梁台宏　　　刘开英
张妙烈　　　饶火源

（2）全民族抗日战争时期5人：

邹宜芝　　　钟　伟　　　罗永源（罗永年）　　　张天便
朱新荣

（3）全国解放战争时期75人：

黎贵生（黎生帛）　　　　李　平　　　邹兰芬　　　刘及桂
彭美华　　　彭端派（彭国清）　　　彭吉争　　　彭治台
饶金开　　　蓝少田　　　李新华　　　张维馨（张何娇）
刘洪诹　　　钟晋欢　　　刘桂荣　　　刘进训　　　徐细合
徐名荣　　　刘和扬（刘　扬）　　　徐　练　　　徐许梅
徐名船　　　黄查盛　　　徐位准　　　蔡　钦　　　蔡　诚
蔡利永（蔡礼永）　　　　徐禾苗　　　徐　枋　　　李显南
李　忠　　　罗烈荣　　　罗宗迁　　　张大德
詹财琴（詹　雄）　　　　李　钗　　　魏铁梅
张冬梅（张发梅）　　　　丘千南　　　林　江　　　丘连祥
胡玉如　　　张春远（张　吉）　　　邓声听　　　郑戊寅
张秋贵　　　吴恩德（吴　汉）　　　黄少唐（黄　飞）

房琼清（房群辉）　　郑土生　　　郑天生
钟　腾（钟映其）　　刘　青（刘的光）
陈　云（陈海壬）　　张平辉（张金水）
张平忠（张胜志）　　李少锦（李志强）　　黄承根
曾祥球　　刘　怀　　曾映廷　　刘德海　　马汝如
陈细占　　吴双福　　黄书朋　　陈彭香　　黄道余
曾满兰　　胡宜海　　胡文周　　杨职闩　　杨职铲
吴洪美　　黄承华

（4）中华人民共和国成立以后118人：

魏醒深　　范国军　　许发新　　陈顺光　　陈文毯
陈文衬　　陈仁玉　　陈隆设　　黄旦初（黄承元）
李兴相　　陈适文　　张凑华　　刘真祥　　郑东生
陈彩华　　陈秋荣　　胡志雄（胡祥炉）　　冯文开
彭春玲　　张诗蕊　　廖云辉　　杨立禄
吴　能（吴昌权）　　杨换荣　　刘扦云　　赖永祥
刘丁照（刘察平）　　杜新臣（杜新权）
郑照生（郑兆亦）　　刘智祥　　陈永康　　黄学弟
张德运（张进运）　　黄政客　　张品完　　吕办业
罗文丰　　蔡义倾　　陈运发　　马杨赵　　丘声桂
柯宗锐（柯宗师）　　丁竹兴　　林伟明　　罗淡贤
罗宋青（罗　细）　　罗任声　　罗宗杰　　罗文标
陈建红　　王玉艳　　王友生（王基塔）　　王玉彦
张富田　　陈阳新　　王建忠　　王进敦
王克勤（王娘生）　　张灼枢　　梁启玉　　吴运明
张加勇　　刘梅香　　吴志辉　　丘细辛
冯崇光（冯件光）　　徐利串　　冯洪林（冯流擎）
黄宗悦　　李显光　　李绍群　　李德光　　黄双上

李振照（李丙火）　　　吴成举　　　范淡元　　　刘柳生
张秋东　　　钟南桂　　　杨兴右（杨有生）　　　曾宪扭
陈义跃　　　胡庆延　　　文水浪（吴裕璇）
杨　忠（杨博生）　　　李作贤　　　李绍甫（李绍福）
徐揖祥（余满池）　　　李志平（李超荣）　　　陈接练
郑　雄（郑建雄）　　　刘木河　　　范创富　　　刘　辉
谢振奇　　　李昔章　　　胡朝民　　　刘遇成　　　江志明
黎绍名　　　吴洪颂（吴志辉）　　　陈君浮　　　刘羽营
陈杰辉　　　郑军琪（郑寿顿）　　　郑亿帮（陈　帮）
郑桂荣（郑综文）　　　刘荣华　　　陈肇伟（陈　梅）
李国才　　　刘爱强　　　刘彩莲　　　李海东　　　张月凤
郑显芝　　　巫　边（巫庭边）　　　洪尔强　　　朱文轩

后记

按省、市老促会有关部署,《丰顺县革命老区发展史》的编纂工作始于2017年10月。我县编写人员以担当、探索、认真的态度,在省《革命老区县发展史》丛书指导小组及时正确指导和梅州市老促会以及省出版部门的大力帮助下,在预定的时间内付梓出版。我们对此感到由衷欣慰。

丰顺县委、县政府高度重视《丰顺县革命老区发展史》的编纂工作,一开始就从组织领导和经费开支等方面给予有力保障。启动编纂工作的两年多来,在编委会的协调下,县内相关部门体现了高度的政治热情和责任意识。编写人员尽管缺少丰富的编写经验,但在领导的重视和支持下,在部门合作和热情的投入下,完成了这一光荣且艰难的任务。

县委办公室和县政府办公室以及县史志、档案、文化、博物、民政等部门,为编写人员提供了大量准确、可靠、丰富的史料文献。许多离退休老党史工作者主动提供了有关文稿、工作调查记录和资料选编。更有社会人士,义务为编写人员送来个人珍藏的图片等等。由各相关部门组成的19位编委成员,都及时阅读审查了编写人员写的初稿,并对此提出了修改意见。数易其稿以后,编委专门聘请了资深的文史工作者、专家、学者等9人组成的审查小组,从政治、史实、文字等方面从严把关,努力提高书稿的编纂质量。

后 记

还要特别提到的是，省《革命老区县发展史》丛书指导小组对我们的编写工作给予了及时到位的指导。2018年7月中旬，在全省《革命老区县发展史》撰写人员培训班上，让我县编写人员在培训大会上发言；2019年8月中旬，指导小组的领导亲自为我县书稿提出了精准的修改意见。凡此，都给予我们极大的鞭策和鼓舞。

本书在编写过程中，参阅和引录了诸多党报、党刊上的有关内容；参考和采录了《中国革命老区》《梅州市志》《丰顺县志》《丰顺年鉴》《丰顺文史》《丰顺县党史资料集》《马图烽火》《铜鼓忠魂》《烽火桐梓洋》《隘隍峥嵘岁月》《丰顺英烈传》《冯宗惠文史稿集》等史料书籍；参阅了许多文献以及工具书。因篇幅和其他原因所限，这里没有对所有为本书稿提供图文的作者一一列出。对此，我们谨对他们表示歉意和敬意，感谢他们对本书的大力帮助。

限于编写人员的水平能力和所能了解到的历史资料等原因，本书疏漏之处在所难免，恳请读者批评指正。在此，再次对本书出版提供支持帮助的各级领导、各界人士以及出版部门致以崇高的敬意。

丰顺县革命老区发展史编委会
2019年8月